LA SCIMMIA LEGGE LA SCIMMIA PENSA

Progetto web e digitalizzazione per prodotti editoriali *

 Concept brand by SaidiSEO.com

 Progetto grafico di Blue Robin - Idee e concept editoriali
carolinacavedagna.com

In copertina: composizione di Irene Maria Bonora

I edizione, maggio 2024

© Ferdinando Dagostino, Cristian Tava

Codice ISBN: 9798325318320
Casa editrice: Independently published

* READING ALL È UN CONCEPT BRAND IDEATO DA SAIDISEO.COM.
In quanto realtà digitale, il progetto volge alla vendita di servizi digitali per l'editoria.
La piattaforma Reading All si propone come sito di creazione e promozione
di progetti editoriali con garanzia di diritti d'autore destinati 100% al proprietario dell'opera.

Questo libro nasce dalla libera trasposizione e dall'editing
della seconda serie del podcast Lorem Ipsum,
prodotto da The Monkey e pubblicato sui maggiori distributori

The Monkey è un progetto targato SaidiSEO nel quale poter
partecipare a Webinar live con esperti di comunicazione umanistica
e dove poter accedere ai servizi di produzione podcast (All Podcast)
e consulenza editoriale self publishing (Reading All).

LEGGI, SCRIVI, ASCOLTA

Per scoprire di più ti invitiamo a visitare il sito
www.themonkey.info

PAROLE DISPARI

Ferdinando Dagostino
Cristian Tava

Indice

Prefazione di Valerio Dieni	p. 11
Prefazione di Cristian Tava	p. 17
Prefazione di Ferdinando Dagostino	p. 24
Pete Townshend	p. 31
Charlie Chaplin	p. 45
Achille-Claude Debussy	p. 59
Fernando Pessoa	p. 71
Jim Rohn	p. 83
Tiziano Terzani	p. 95
William Butler Yeats	p. 109
George Orwell	p. 121
Henry David Thoreau	p. 137
Gianni Rodari	p. 148
Biografia Ferdinando Dagostino	p. 162
Biografia Cristian Tava	p. 164
Biografia Valerio Dieni	p. 166
Manifesto Reading All	p. 168
Collane Reading All	p. 171

Prefazione di Valerio Dieni

Lo so.
So che è capitato anche a te. So che ti capita spesso, mentre scrolli il feed di un social, mentre ti interfacci con una qualsiasi piattaforma di condivisione dei contenuti. Conosco quella sensazione. Dissonanza cognitiva.
Per dissonanza cognitiva si intendono quegli istanti di momentaneo disagio che viviamo quando due - o più di due - tra le nostre convinzioni, i nostri schemi sociali e culturali, le nostre idee e i nostri comportamenti entrano in conflitto. La sensazione di disagio è dovuta alla difficoltà di elaborazione, all'interruzione della fluidità, che agisce negativamente sul nostro bilancio corporeo. È come se il nostro cervello si trovasse all'improvviso fra le mani un rompicapo e avesse accanto a lui un timer acceso che gli intima di risolverlo nell'arco di millesimi di secondo. Lui lo risolve come può, cioè decidendo, in quella frazione infinitesimale di tempo, quale convinzione, schema o comportamento deve prevalere, oppure apportando qualche modifica alle categorie del proprio mondo. In genere uno dei due elementi in conflitto prevale. Ma quella sensazione sgradevole resta, o meglio, continua ad aleggiare per un po' nella nostra mente.
La dissonanza cognitiva a cui mi riferisco qui è quella che esperiamo ogni volta in cui su LinkedIn, Facebook, Instagram, TikTok, YouTube, Spotify e compagnia digitale ci imbattiamo in un argomento, una questione, un dibattito complesso. Complesso nel senso che richiederebbe una

riflessione approfondita. Complesso nel senso che non potrebbe, anzi, non dovrebbe essere liquidato da mezzo commento scritto al volo in metropolitana con un occhio sullo schermo e uno che cerca di capire se la prossima fermata è la tua. Complesso nel senso che per esprimere il tuo parere a riguardo, o anche solo per elaborare un parere, dovresti investirvi del tempo.

Quando ciò accade, gli elementi cognitivi che entrano in dissonanza sono due: da una parte la consapevolezza, appunto, del tempo e delle energie mentali da dedicare all'eventuale riflessione; dall'altra l'abitudine alla fruizione istantanea - o forse dovremmo dire la disabitudine alla fruizione complessa. E, purtroppo, a prevalere è quasi sempre quest'ultima.

Inutile girarci intorno: ci stiamo disabituando all'elaborazione della complessità. Un dato di fatto che potrebbe persino non sembrare così terribile. Finché non lo contestualizziamo: ci stiamo disabituando all'elaborazione della complessità... in un mondo che diventa ogni giorno più complesso.

I risultati, purtroppo, sono sotto i nostri occhi. La già citata fruizione superficiale dei contenuti, interiorizzata e regolarizzata, si trasforma in approccio superficiale alle notizie e ai temi del mondo, per condurre a una cieca polarizzazione delle opinioni. Un terreno sociale fangoso, scivoloso, in cui però sguazzano felici il bias di conferma (la nostra tendenza a considerare solo dati e informazioni che confermano ciò in cui già crediamo), il WYSIATI (la distorsione che ci fa mettere a fuoco solo le informazioni presenti qui e ora, cioè le idee attivate sul momento, impedendoci di prendere in esame il quadro generale), l'effetto Dunning-Kruger, l'overconfidence e tutte le altre distorsioni nemiche della complessità.

"Ma allora", potresti obiettare tu con il libro in mano - dimmi che non è un ebook, ti prego, dimmi che fra le tue dita stringi la carta - "se ci stiamo disabituando alla complessità e se la fruizione superficiale rischia di diventare l'opzione di default, non dovremmo esperire dissonanza". E io ti risponderei come il dottor Otto Octavius (Alfred Molina) risponde alla domanda di una giornalista in quel capolavoro di cinecomic che è lo Spider-Man 2 di Sam Raimi: "Come hai ragione!"

In fin dei conti, se la fruizione istantanea diventa ogni giorno più naturale, perché dovrebbe continuare a esserci dissonanza?

Perché a renderci ciò che siamo, fortunatamente, sono sì i nostri istinti, ma anche la nostra razionalità. La nostra capacità di pensiero lento, ragionato, complesso. Quello che Daniel Kahneman e Amos Tversky hanno definito "sistema 2", complementare - e non contrapposto! - al "sistema 1", cioè il pensiero veloce, automatico, istintivo. Dobbiamo sempre tenere a mente un fatto: il sistema 1 ci rende umani, ma il sistema 2 ha creato l'umanità. Il sistema 2, il pensiero complesso, è parte di noi al pari del sistema 1. Dunque, pur vivendo in un mondo che nella maggior parte dei casi sembra intenzionato a rinnegare tale complessità o perlomeno a sacrificarla sull'altare di una presunta efficienza, noi esseri umani siamo ancora in grado di individuarla e di pretenderla. L'ambiente sociale e digitale in cui ci muoviamo sembra spingerci nella direzione apparentemente più facile, mentalmente meno dispendiosa, e il nostro atavico bisogno di risparmiare energie cognitive è un incentivo potente. Eppure qualcosa dentro di noi - il sistema 2, benché stravaccato sul divano - sa perfettamente che la direzione giusta è un'altra. E cerca di dircelo. Da qui la dissonanza.

Beh, quando ho ascoltato per la prima volta Lorem Ipsum (ovvero il podcast cha ha dato vita a Parole Dispari), quando ho riletto le stesse riflessioni su carta e più in generale ogni volta che ho avuto la fortuna e il piacere di interagire con Ferdinando e Cristian, ho avvertito sempre, in ogni momento, la sensazione pervasiva che la dissonanza si stesse finalmente risolvendo a favore della complessità. Parole Dispari ha il coraggio di ripristinare il ruolo vitale della complessità. E di farlo attraverso lo strumento più potente che l'evoluzione ci abbia donato: la parola.

Esiste un fenomeno con cui forse l'essere umano fa i conti da sempre, ma che l'universo social e il sovraccarico informativo, negli ultimi vent'anni circa, hanno drasticamente aggravato: io la chiamo inflazione linguistica. Hai già capito di cosa parlo. Si tratta della svalutazione del significato di alcune parole. Quando una parola viene scritta, letta, pronunciata, elaborata un'infinità di volte in un periodo di tempo ristretto, essa rischia di perdere il proprio valore intrinseco - che non sarà rilevante come il valore relativo, ma che contribuisce a determinare il peso di quella parola. Ecco, proprio come le manovre economiche dei governi si impegnano a contrastare l'inflazione monetaria, Parole Dispari si impegna a contrastare l'inflazione linguistica. Con la differenza che Ferdinando e Cristian riescono egregiamente nell'intento.

Il tutto assume ancora più valore se si considera il rapporto indissolubile che lega parola e pensiero. In un ancestrale processo circolare il cui punto di partenza è ancora oggetto di ricerca, pensiero e linguaggio si influenzano vicendevolmente e influenzano i nostri comportamenti, generando la nostra esperienza nel mondo. Una gigantesca parte del mondo sociale creato dagli esseri umani è composto da realtà intersoggettive definite e delimitate dal linguaggio. La stessa parola "società" ne è un valido esempio. Restiamo abbastanza aderenti alla verità scientifica quando asseriamo che la nostra vita è soprattutto il prodotto di una narrazione. O, volendo essere il più equilibrati possibile, dalle narrazioni essa è sensibilmente condizionata. Lakoff e la linguistica cognitiva insegnano.

Eccoci allora al punto: restituire significato alle parole equivale a restituire significato alla realtà. È questo il principio alla base di Parole Dispari. E al contempo il suo traguardo raggiunto.

Che lo si faccia attraverso le citazioni dei grandi del passato o attraverso un'analisi antropologica di termini estrapolati dal nostro quotidiano, riflettere sulla parola significa riflettere su noi stessi. Intervenire sulla parola è intervenire sul mondo. E come possiamo pretendere di riflettere su noi stessi e di intervenire sul mondo, rinunciando alla complessità?

Le puntate di Lorem Ipsum non durano cinque minuti; ne durano venticinque, trentaquattro, trentotto. Parole Dispari non è un volumetto da finire in un pomeriggio; è una raccolta da leggere lentamente e che ogni tanto devi chiudere, per concederti il tempo necessario a pensare a ciò che hai letto.

Il libro di Cristian e Ferdinando è una creazione che ci invita a cogliere la bellezza della complessità.

E vuoi sapere il paradosso dei paradossi?

Quando riusciamo ad accettare la complessità, la vita diventa più semplice.

Prefazione di Cristian Tava

"Parole parole parole" ripeteva Mina in un celebre brano. Mentre Moretti ricordava che "le parole sono importanti" schiaffeggiando una signora che parlava tramite inglesismi inseriti a caso in una frase scomposta.
E potrei andare avanti a citare "fiumi di parole" dei Jalisse ma sono certo che al lettore, oltre a non importare, risulterà difficile capire a chi o cosa io mi stia riferendo.
Cerchiamo di capirci.
Ho sempre avuto una passione per le parole, per le lettere, per il linguaggio.
Ho amato il lettering così tanto da volerlo riportare su pietra. Per un periodo della mia vita ho scolpito la pietra come epigrafista usando le lettere come elementi grafici e ancora oggi nel mio lavoro di comunicazione uso le scritte come elementi decorativi dell'immagine per il post o per la presentazione che sto realizzando.
Conoscendo Ferdinando ho capito che si stava aprendo un nuovo modo di usare le lettere: quello verbale.
Nel confronto con Ferdinando ci siamo resi conto di quanto sia importante un ritorno alla comunicazione, alla responsabilità di comunicare correttamente, alla consapevolezza di un linguaggio ricco, alla disperata necessità di porsi domande.
Il Podcast Lorem Ipsum, che abbiamo realizzato nel 2021 e che dà vita a questo libro, racconta la nostra voglia di essere "greci antichi", come spesso Ferdinando mi ricorda. Un ritorno all'origine del pensiero è necessario.

Nel nostro lavoro, ogni giorno, viviamo un'estrema accelerazione e consumo del linguaggio e della comunicazione stessa. Troppa velocità, ci sono troppi concetti e le nostre teste vanno in sovraccarico.

Questo era lo stesso monito che Calvino portò oltre oceano nelle sue Lezioni Americane. Sono passati 50 anni e non abbiamo saputo ricordare queste preziose lezioni.

Rallentare per ascoltare, ascoltare questo il podcast Lorem Ipsum e poi leggere le nostre Parole Dispari e i nostri pensieri ad alta voce.

Puoi farlo anche nell'ordine inverso e ripetere l'operazione più volte.

Per me è stato d'ispirazione il libro Marcovaldo di Italo Calvino, che tra l'altro renderò la lettura obbligatoria quando sarò imperatore dell'universo, quindi preparati. Calvino usa termini desueti di un italiano "antico" e in qualche modo magicamente affascinante. Un italiano "passato", ma passato da poco pochissimo.

Nel nostro linguaggio utilizzavamo, fino a pochi anni fa, forme lessicali e colloquiali affascinanti. Mio padre dava del "voi" ai propri genitori e questo mi ha sempre molto incuriosito.

Chi mi conosce sa che non sono mai stato un grande lettore (complice e alibi la mia dislessia, oggi chiamata pigrizia, affaticamento da monitor, terza età), ma ho sempre amato i libri e li ho sempre considerati un grande tesoro da custodire e tramandare.

Quando ho gestito una libreria per due anni mi sono sentito l'uomo più felice della terra.

Quando Ferdinando mi ha proposto di fare un podcast "sulle parole" mi sono sentito libero di raccontare i miei pensieri e confrontarmi. Da "non grande lettore" ad accumulatore seriale di libri e lettore intermittente. Inizio spesso a leggere molti libri ma mi fermo a metà lasciando all'interno una matita con cui sottolineo (deplorevole pratica ma molto creativa). Oggi quelli come me li chiamano in vari modi, perché abbiamo tutti il vizio di dover etichettare ogni persona, ma penso che ci si autodefinisca multipotenziali. Un tempo ci chiamavano inconcludenti. È anche questo il bello delle parole che danno nuove dimensioni ad antiche abitudini, attitudini o preferenze.
Penso di essere semplicemente ME.
Oggi produciamo insieme podcast e raccontiamo storie con la voce nostra e di altri. Lorem Ipsum è questo: un viaggio nelle parole, nei pensieri, nelle persone.
La nostra prima serie è stata compulsiva e a tratti confusa ma molto piacevole. Un riscaldamento per arrivare alla seconda, che assimilerai in questo libro, e che ci ha permesso di crescere anche professionalmente.
L'onore di riprendere le citazioni dei personaggi a noi cari e trasformarle in riflessioni è stato davvero grande e credo sia importante dare nuova vita a nuovi pensieri e parole.
Ricordi il mio consiglio di leggere il libro e ascoltare il podcast e poi ripetere in ordine inverso?
Questo progetto è stato per me un lungo lunghissimo viaggio. Alcune parti di questo viaggio sono state in comunione con Ferdinando, come la scelta delle citazioni (10 tra le tantissime), la registrazione in presenza e on line del parlato.

Ma molte fasi sono state una vera catarsi attraverso la quale ho editato il primo audio "grezzo", ri-ascoltato l'audio prima di pubblicarlo, ri-ascoltato dopo averlo pubblicato per sicurezza.

Quindi ho avuto modo (e obbligo) di riascoltare i concetti da me/noi esposti almeno quattro volte per portare dentro di me una riflessione più profonda.

Mi sono stupito spesso nella profondità a cui siamo scesi ma mi sentivo gratificato. Spesso meglio di una delle sedute con la mia psicologa.

Poi il podcast è rimasto lì a sedimentare, on line e dentro di me, fino al momento in cui è nata l'idea del libro.

Ho ripreso gli audio, fatto la trascrizione dei dialoghi e consegnato tutto alla nostra copy con la quale ci siamo di nuovo confrontati per dargli una forma (quella che leggerai) che meglio si adatta al formato cartaceo.

Di nuovo le 10 puntate del podcast sono passate attraverso di me ma questa volta con una capacità diversa di scuotermi. Riadattate e rieditate hanno preso nuove forme quegli stessi pensieri che sembravano così chiari. "Ma siamo sicuri di aver fatto queste riflessioni… proprio noi… proprio io e proprio tu, caro Ferdinando?" con stupore e un po' di presunzione continuavo a dichiarare il mio entusiasmo in questo progetto a Ferdinando.

Poi ho fatto un piccolissimo errore: ho ri-ascoltato, di nuovo, una puntata. Quel demone che alberga in me, quello che dice "ma forse lo potresti fare meglio…" Mi ha suggerito di ri-editare tutto l'audio di nuovo, di migliorare le descrizioni con link e riferimenti esterni, di togliere i filler e ripulire le frasi sconnesse. Riascoltare 10 puntate, ri-editarle, ri-ascoltarle di nuovo, ri-ri-ascoltarle per trovare i riferimenti a film, autori, libri e approfondimenti.

Credo di aver ascoltato, letto e vissuto questo progetto almeno 10 volte e non sono ancora sazio. Ad ogni ascolto o lettura mi si apre un pensiero potente.

Il podcast si intitola Lorem Ipsum - Potere alle parole e forse solo ora ho capito quanto questo sia vero.

Dal podcast al libro o viceversa, è un rafforzativo di un pensiero che cresce, che coltivi, che prepari che vivi.

Ritrovare questo ritmo del pensiero, dei valori e questo respiro dell'anima in momenti e anni diversi credo possa essere per molti un'elevazione di chiunque decida di creare il tuo podcast-libro.

Per me oggi sono due concetti imprescindibili.

Il podcast è una dimensione digitale, effimera, "aerea" e volatile

Il libro è concretezza, carta, peso specifico, odore di stampa, materialità.

Un progetto di comunicazione che si completa, che da consistenza ed esistenza.

Come dico sempre "non credermi, non credere alle mie parole, io sono un ciarlatano come tanti… credi a quello che senti, che provi e che vivi".

Non ti fidare di quello che scrivo ma sperimenta, trova il tuo modo di fruire di questi contenuti.

Leggi solo il libro.

Ascolta solo il podcast.

Leggi e ascolta.

Ascolta e leggi.
Leggi un capitolo del libro e ascolta il primo episodio (e così via).
La comunicazione è sperimentazione. Ma vai anche oltre.
Leggi e crea un dibattito con la famiglia o con amici.
Ascolta in compagnia e contesta le nostre riflessioni
... trova un tuo modo

Facciamo a capirci.
Prova a parafrasare questo…

*Non leggiamo
e scriviamo poesie
perché è carino.
Noi leggiamo
e scriviamo poesie
perché siamo membri
della razza umana.
E la razza umana
è piena di passione.*

cit. dal film
l'Attimo Fuggente

Prefazione di Ferdinando Dagostino

Che cosa dimora tra il lessico risicato, sincopato e frettoloso dei nostri tempi digitali e l'opulenza dell'intellettuale? Tra questi due modi di interpretare le parole (estreme entrambe), si dipanano più di cinquanta sfumature del comunicare.

Ho sempre guardato con fascino il sostantivo di quest'ultimo predicato verbale: comunicazione.

A prescindere dal significato che un comune Zanichelli potrebbe fornirci in pochi secondi, mi sono sempre soffermato a giocare al mio personale Scarabeo mentale.

Comunicazione. Comune+azione. Azione comune.

In una sorta di arbitraria associazione interpretativa, ho sempre visto nella parola comunicazione qualcosa dove i soggetti coinvolti sono sempre due o più di due.

Anche quando un poeta verga parole su un foglio, nella solitudine della notte, in realtà sta scrivendo a se stesso. E si aspetta che quella parte di sé accolga quelle parole per intraprendere un cammino nel labirinto delle sue emozioni.

Quando parliamo, scriviamo, discutiamo o ragioniamo, ci aspettiamo o lo facciamo per generare un'azione. Vogliamo "arrivare" con le nostre parole. Vogliamo suscitare "reazioni" in chi ci legge. Vogliamo accorciare distanze, incontrare pareri, ascoltare opinioni e cerchiamo interazione umana, emozionale e intellettuale, quando usiamo le parole.

Che sia a una folla o al tavolo con un amico, comunichiamo per esprimere noi stessi e per avere una risposta alla manifestazione di ciò che pensiamo o in cui crediamo.

Persino quando giochiamo il raro jolly composto dalle due parole "ti amo", magari rivolto a chi sappiamo in cuor nostro non ci ricambierà lo stesso sentimento, restiamo ad ascoltare come quell'atto di coraggio possa risuonare dentro di noi. Attendiamo il cenno di un sorriso di lusinga appena prima dell'imbarazzo e registriamo ogni reazione possibile, aspettando che un epilogo sorprendente ci costringa a riscrivere noi stessi e il nostro destino.

A volte è sufficiente anche il silenzio che riempie il silenzio quando sussurri parole dolci al tuo cane e il suo corpo vibra esprimendo amore.

Tutto è comunicazione. E ogni parola ne cambia il peso, la forma, la sostanza, l'istante.

Immaginate una stazione deserta verso l'imbrunire della sera. In piedi sulla banchina aspettiamo che il capostazione fischi l'avvio della carrozza.

Un treno parte. Un caro amico ci saluta dal finestrino per cambiare vita dall'altra parte del mondo.

Questa piccola scena cambierà al variare dell'ultima parola scambiata tra i due. Niente modificherà il peso della fratellanza. Eppure, un arrivederci da un addio, può plasmare la proiezione malinconica verso il possibile futuro che si dipanerà da quel saluto.

Vivendo in un mondo professionale dove spesso "la comunicazione" è associata per l'appunto a quell'articolo determinativo, come fosse un totem azteco dai poteri magici, i soggetti in causa non prevedono un'azione comune.

Il mondo del marketing, del lavoro, del "bisinesse" (come mi piace esorcizzare usando il linguaggio alla Joe Pesci), hanno trasformato la comunicazione in un rapporto causa-effetto.

Se comunico bene il mio prodotto o il mio servizio, un'utenza di riferimento acquisterà il mio prodotto o servizio. Nel rapporto brand-utente quest'ultimo è in realtà un soggetto passivo e la sua unica azione è accettare il suono del pifferaio magico, così da seguirlo incondizionatamente.

Questo focus non richiesto sul mondo dal quale io e Cristian proveniamo (ma non apparteniamo se non per mestiere, era doveroso, almeno per spiegare la prima parte di questa mia prefazione.

Confondiamo significati, ci vengono infusi concetti ma spesso non ragioniamo o non usciamo dalle direttrici di alcune parole.

Seppur lavoranti di un settore, con Cristian è stato comune l'incontro intellettuale (dalle influenze elleniche come sopra citato appunto) per provare a riprendere paternità di una grande strumento che spesso viene banalizzato, sottratto o utilizzato come mezzo di uno scopo: la parola.

Nei podcast che ci siamo così divertiti a registrare, non abbiamo mai pensato di produrre un risultato bensì una reazione. Siamo partiti da citazioni per noi significative e da quelle abbiamo fatto partire voli pindarici e filosofici che solo le parole possono produrre. Lasciando così loro la libertà di essere il tramite per un'azione comune di ragionamento.

In principio tra me e Cristian (interlocutori microfonati

di un progetto autoriale) e non meno importante con gli ascoltatori i quali, speriamo, abbiano avuto pareri o voglie di condivisione con altri soggetti.

E in parte sappiamo che questo è accaduto, grazie ai feedback e agli scambi con alcuni fan della serie, i quali appunto ci hanno convinto a pensare che Lorem Ipsum potesse meritare una vita su carta.

Le parole, così come il pensiero, sono l'unico elemento di vera libertà che ci distingue dal nostro peso carnale.

Le culture, la società e le convenzioni, possono renderle prigioniere di sbarre invisibili.

Ma con questo progetto abbiamo maturato l'idea che niente è in ordine se non segue un caos.

Le parole sono importanti, è vero, e hanno bisogno di rispetto per non essere travisate o distorte.

È il pensiero critico che le lascia libere di volare per disegnare nuove forme. Per far nascere nuove accezioni e per aprire i nostri orizzonti di ragionamento.

Ecco, quindi, perché nella progettazione e stesura del libro è venuto spontaneo non dare il nome Lorem Ipsum al progetto cartaceo.

Rileggendo, rimestando e analizzando le nostre citazioni scelte, è emerso come tutta la serie sia stata frutto di una docile disobbedienza.

Anche nella filosofia introspettiva e motivazionale, oramai, la comunicazione è divenuta ordinata, inquadrata. Sono state battezzate parole giuste, utili, funzionali e prestazionali per far passare un concetto.

Se volessimo usare una metafora sociale; parole pari. Determinata dal complemento, o dalla ricerca di una uguaglianza in genere e per il conseguimento di un'opinione collettiva.

Lorem Ipsum, i personaggi scelti durante la parte di scrittura del podcast, le citazioni, io e Cristian, il format delle puntate. Tutto è stato scelto libero da questo schema sociale che usa le parole per propagandare un'idea.

Abbiamo usato ogni singolo momento, ogni minuto davanti al microfono per liberare le parole e per farlo abbiamo scelto personaggi non comuni, disobbedienti nel loro ambito, discussi, fuori dagli schemi.

Siamo partiti da citazioni interpretabili, a volte poco chiare, spesso inarginabili nella loro moltitudine di significati possibili.

Ecco, perché ora, alla fine di questa mia prefazione, non ti sto consigliando di leggere parole pari, giuste, inquadrate, mirate, verticali. Ti invito, invece, a leggere parole dispari. Ti spingo a cercare le tue. Mi auguro tu non sia d'accordo o che magari tu abbia un parere in merito, una parola o una via di ragionamento che noi non abbiamo battuto, e che magari tu abbia voglia di percorrere quel sentiero con qualcun'altro. Fatti domande, non cercare risposte. Guarda, ragiona, pensa.

La filosofia e la vera comune-azione…rendono libere le parole, conferendo a noi un potere che ci rende unici.

Non è una strada facile ma è un viaggio che l'intelletto ha bisogno di percorrere per imparare a tradurre le emozioni che vivrai nella tua vita.

*Sembrava che
il suo pensiero
si bilanciasse su una
parola prima di passare
all'altra, come se le parole
fossero i sassi sui quali
il suo intelletto si doveva
posare guardingo
per traversare
le acque dell'errore.*

L'agente segreto
Joseph Conrad

*Il rock
non eliminerà
i problemi,
ma ti permetterà
di ballarci
sopra*

Pete Townshend

Immaginiamo di essere a Londra più o meno a metà degli anni '60, in un clima di grande fermento artistico e culturale. Ci troviamo in un fumoso locale, di sera, a bere una pinta di birra con gli amici, c'è un sacco di gente e sul palco una band che suona 'I can't explain'. Riuscite a visualizzare la scena?

Negli stessi anni, si potevano trovare in giro geni musicali come The Beatles (il pezzo 'Ticket to ride' è proprio del '65), The Yardbirds, The Rolling Stones, Small Faces e molti altri che hanno rappresentato pietre miliari nel percorso del rock. In Italia, la situazione era un po' diversa: nel '65 ascoltavamo 'Non son degno di te' di Gianni Morandi, secondo in classifica, e 'Il mondo' di Jimmy Fontana. Grandissima canzone, però balza all'occhio l'enorme differenza che c'era tra il contesto italiano e quello inglese.

GLI ANNI '60

In Inghilterra, gli anni '60 sono stati davvero un'esplosione, in tutti i sensi. Nel secondo dopoguerra, a Londra c'era una gran voglia di uscire dal grigiore, dalla pesantezza, dalle macerie – letteralmente – che la guerra si portava dietro.

C'era la voglia di brillare. A contribuire c'era il miracolo economico di quegli anni e un gran numero di nascite. I nati nel baby boom degli anni '50 nel '60-'65 avevano 15-17 anni. E poi, c'è stata l'abolizione del servizio militare, che ha determinato maggiore libertà e meno responsabilità per i ragazzi.

Inoltre, l'accesso all'università era garantito a tutti e la cultura era considerata un bene prezioso e largamente diffuso: è questa la reale grande differenza di quegli anni. Anche chi faceva rock suonava e scriveva testi di altissimo valore poetico, frutto di una cultura trasversale. La forte voglia di riscatto della classe media, che ha avuto origine in America - ha generato un volàno. Anche la pop art, nata in America, in Inghilterra è stata 'inglesizzata', trasformandosi e trovando il suo vero splendore..

PETE TOWNSHEND

Torniamo in quel locale fumoso e rumoroso. Stiamo ancora bevendo la nostra pinta e ci stiamo godendo la musica con gli amici. Stiamo ascoltando le prime note di un gruppo rock che cambierà la storia della musica: The Who. Nel gruppo, un personaggio che ancora oggi guida la Rivoluzione Rock, Pete Townshend, l'autore della frase che dà il titolo a questo capitolo.

Figlio di musicisti, ha iniziato a suonare il banjo in una jazz band, con un suo amico che suonava il corno inglese. Nei tre anni prima del '65, ha incontrato quasi per caso gli altri componenti degli Who, per non lasciarli mai più e dare vita insieme a loro a questo incredibile gruppo.

Pete Townshend era famoso (e non solo lui, perché anche altri facevano dimostrazioni plateali della loro artisticità) per rompere la sua chitarra contro l'amplificatore, al termine delle sue esibizioni. Lui diceva che era un'azione molto scenografica e che piaceva molto al pubblico, in perfetto stile pop art.

Una volta ha usato una lametta per tagliare la membrana del suo amplificatore per cercare quel suono, proprio quello che sentiva nella sua testa, quel suono distorto che gli strumenti del periodo non permettevano di creare. Era uno sperimentatore, sempre alla ricerca di qualcosa di diverso.

Nella sua sperimentazione ha anche creato due musical famosissimi, 'Tommy' e 'Quadrophenia'. Quest'ultimo, del 1979, tratto dall'omonimo album degli Who, rappresentava proprio quel periodo inglese.

Pete Townshend è stato pietra miliare per i chitarristi, grazie al suo stile molto teatrale. È stato il primo a roteare vorticosamente il braccio, come un orologio, per suonare col plettro i suoi accordi. Il chitarrista non era più quello che faceva semplicemente un movimento della mano sulla tastiera, ma era diventato un personaggio coinvolgente che saltava di qua e di là sul palco. Townshend sviluppò anche un proprio modo di suonare la chitarra molto particolare, mischiando accordi con energici power chord e delicati arpeggi. Uno stile aggressivo che lo ha caratterizzato molto.

La fase scelta per questo capitolo: "Il rock e non eliminerà i tuoi problemi, ma ti permetterà di ballarci sopra", è molto iconica per quel periodo. Per questo, abbiamo voluto, prima di tutto, raccontare il contesto storico, per capire meglio di cosa stiamo parlando. Per comprendere questo bisogno - attuale ancora oggi - di leggerezza, di armonia, di qualcosa che ci distolga dal giogo dei problemi.

ROCK MOOD

Per passare a un livello più filosofico di questa affermazione, torniamo nel pub. Sentiamone addirittura l'odore, vediamone i colori, percepiamo il fumo che gratta un po' la gola. Perché all'epoca si poteva fumare nei pub, il ché dava tutta un'altra suggestione. In questi ambienti si percepiva il rock mood.

Spesso, in quell'epoca, i miracoli creativi musicali – come The Who, ma anche altri prima di loro – emettevano i loro primi vagiti proprio nell'underground, ossia negli scantinati, nella polvere dei luoghi nascosti, non per forza angusti. Già, perché il termine 'angusto' dà l'impressione di carenza d'aria, è un sinonimo quasi tattile di mancanza di spazio.

Ma noi vogliamo pensarla come un'allegoria quasi onirica di spazialità aggiunta. E dove nasce un'ispirazione straniante, dove lo spirito trova dimora per la sua irrequietezza - contro i tempi, contro i costumi del periodo, contro le gabbie di una cultura che cerca spesso uno squarcio per cambiare visuale delle cose - ci vuole una nuova zona di comfort. Che altro non è se non una zona nella quale essere se stessi, sia per il benessere della propria anima, sia per comodità di esistenza.

Quindi la ricerca di un modo per rendere agevole e naturale l'inevitabilità del vivere. Una ricerca che sembra complessa e articolata, ma che – in quegli anni – viene affrontata in un modo che cavalca la virtù della semplicità. Tutto viene fatto con leggerezza. Un modo per accompagnare la vita, il divenire delle cose.

Si tratta di un'armonia che può nascere solo se c'è intraprendenza e voglia di rompere un po' gli equilibri per farsi spazio. Un concetto che il rock ci ha insegnato e ha fatto molto bene negli anni, per mano di personaggi particolari ed eclettici che sono andati contro le mode, contro le difficoltà, contro i tempi. Una dimensione sempre aperta, dove ricordare a se stessi l'unica verità assoluta: sei vivo, sentilo, provalo, dimostralo.

In un mondo che vuole prove, vuole risultati, vuole performance, in una società che cerca verità e che spesso e volentieri ci propina profeti, in realtà siamo tutti adepti di un'unica filosofia: siamo vivi e vogliamo urlarlo!

E quale modo migliore per farlo se non con la musica? La domanda è se il rock non sia proprio questo e se, alla fine, il rock non sia, per tutto quello che abbiamo appena detto, anche un lato della vita. C'è la voglia di vivere l'esperienza, vivere se stessi come un manifesto. E allora lo si canta, lo si urla e lo si balla.

RICERCA
Abbiamo ampliato ulteriormente quella che era l'introduzione - che voleva essere di natura storiografica - aggiungendo un grande contributo.

In effetti, c'è una distinzione tra suonare il rock ed essere artisti rock. Molti di quelli che consideriamo artisti sono gruppi rock. Potremmo citare i Litfiba, tra gli altri, perché vivevano quel senso di ribellione, di ricerca, di essere contro lo status quo delle cose.

Non basta suonare quattro accordi per essere rock. Si tratta di una vera e propria ricerca. E, come dicevamo, il livello culturale di chi fa rock non è, come spesso si pensa, quello di persone che non hanno uno scopo e sono alla deriva e sanno solo strimpellare uno strumento. Molto spesso sono persone intellettualmente di fascia alta. Un esempio? Il chitarrista dei Queen è laureato in astrofisica, non una materia qualunque. In quell'epoca, era normale la ricerca della qualità, dell'intellettualità. Il rock era uno strumento di comunicazione per parlare con quanta più gente possibile.

Questo, però, metteva anche un accento su quello che era il bisogno di leggerezza di quel periodo. Ma anche oggi abbiamo bisogno di leggerezza e avremmo bisogno di riascoltare il rock degli anni '60, perché c'era davvero la possibilità e la capacità di fare ricerca sulle sonorità, sui suoni, sugli accordi. C'è stato davvero un momento di grandissima sperimentazione a quei tempi.

Cercando su YouTube, abbiamo trovato un video semi comico nel quale uno dei musicisti afferma che, nell'ultimo ventennio, tutta la musica sia stata realizzata con soli quattro accordi e comincia a suonarli, mentre gli altri alternano il cantato di diversi musicisti famosi. Ed è realmente così! Con quattro accordi hanno composto tutta la musica degli ultimi venti-venticinque anni… Questo non è per niente rock… Gli anni '60, invece, erano davvero una fucina di sperimentazione in tutti i campi.

PROTESTA

Non siamo dei musicologi e tantomeno degli esperti, quindi non entriamo nel dettaglio, però possiamo affermare che il rock sia il mezzo di protesta per antonomasia, politicamente o meno. Il rock appartenente al contesto sociale e artistico degli anni '60. In esso confluisce l'intera simbologia di un decennio. Era un rock che definiva uno stato sociale, una classe, una generazione e che definiva anche la risposta a un momento storico, sociale e politico caratterizzato dalla ricerca di qualcosa di nuovo. Uno squarcio.

Per questo, il rock viene connotato, spesso e volentieri, come sinonimo di musica che dà voce a coloro che urlano contro il sistema. Non siamo noi ad affermare questo, sono gli anni '70 che ce lo rammentano. Anni che sono stati l'esplosione più grande a livello di rock. Vien da pensare a The Doors, Jimi Hendrix, a personaggi che hanno accompagnato, dal '68 in poi, i momenti più caldi del rock di protesta.

Volendo fare un parallelismo con una parte del rock italiano, abbiamo citato i Litfiba, che sono stati un caso abbastanza tipico: nei primi anni facevano un rock di ricerca portando un messaggio, in termini di testo e di suono, politicamente coinvolto. Esprimevano le loro opinioni e le loro proteste.

Noi vogliamo, con questa citazione e in questo contesto, invece, parlare di quello che voleva essere il mood di protesta, indotto o inconscio del rock. Quando parliamo di rock mood, di rock della vita. Parliamo di fermare la routine e di rompere le abitudini.

Rompere quelli che possono essere i meccanismi, a volte abbastanza alienanti, della propria vita, della propria esistenza. Cercare di vivere con quella leggerezza, con quell'energia e con quella scintilla che soltanto il rock a volte possiede. Leggerezza ed energia possono assolutamente sposarsi in un mix interessante e trasformarsi in propensione alla sperimentazione, sicuramente in grado, di spezzare le abitudini.

LEGGEREZZA

Spesso e volentieri, all'interno di una giornata lavorativa, mentre ci si trova in mezzo a responsabilità, scadenze, pensieri – c'è gente che addirittura fa tre o quattro lavori insieme – fermarsi un attimo, ascoltare del buon rock e ballarci sopra è un momento di leggerezza che spezza la giornata e permette di trovare nuove energie per poter procedere nell'esistenza quotidiana. Quindi, il potere del rock, il rock mood, si potrebbe connotare in questo.

Si potrebbe definire il rock come uno strumento che ci ricorda di essere protagonisti di un viaggio, per affrontare il quale ci serve una colonna sonora che ci dia potere, che ci dia energia.

Oggi è estremamente difficile scaricare le tensioni della quotidianità, ma anche riuscire ad avere quella forma mentis che non ci faccia solo stare sui binari della quotidianità. Come esseri umani, abbiamo proprio bisogno di non essere persone che lavorano – con debiti, scadenze e cose da fare – solo per il fine di lavorare. Sentiamo l'esigenza di uno scopo.

Mentre siamo al lavoro, potremmo, per esempio, mettere le cuffie con la nostra musica preferita a tutto volume e 'parcheggiare nella musica' tutta quella parte di retropensieri che inevitabilmente sorgono. Sembra impossibile, ma la musica permette di restare concentrati e allo stesso tempo aiuta a scaricare le tensioni.

Chi è fan della musica rock, solitamente, la prende come fondamento di vita. Perché insegna tanto e dà modo di scoprire una serie di emozioni nascoste, prepara a improvvisare, a pazziare (come si dice a Napoli), a fare quelle follie sane (o anche insane, tutto sommato) di cui necessita il nostro animo.

VIAGGIO oppure (S)BALLO

Prima, abbiamo scritto poche righe su come il rock accompagna il viaggio della nostra vita.

A proposito di viaggiare, tra le varie sperimentazioni degli anni '60 c'erano anche la scoperta e l'uso dell'LSD.

Nel confronto che si è svolto nel nostro podcast – che poi è diventato libro – ci siamo trovati concordi nel non ritenere l'esperienza dell'assunzione di acidi come un'attività a cui tendere, abbiamo troppo rispetto per il nostro cervello e crediamo che vada ben coltivato. Però, per il momento storico di allora, era davvero un'innovazione creativa molto diffusa e forse anche necessaria, nei confronti della quale il giudizio odierno – che giunge nel 2023, 50 anni dopo – rischia di apparire superficiale.

Si sentiva l'esigenza di fare un viaggio mentale completamente sballati, in un'atmosfera più che onirica, allucinogena (letteralmente). Si sentiva l'esigenza di andare oltre il mondo reale per poter narrare con la musica e i testi qualcosa che 'da lucidi' non si aveva gli strumenti e le capacità di fare.

Esiste addirittura un documentario su questo argomento. Protagonisti sono i Grateful Dead, un gruppo musicale americano che ha iniziato la sua carriera proprio nell'ambito di questi incontri finalizzati allo sballo. Si chiamavano 'Acid Fest': dietro il pagamento di un contributo, i partecipanti assumevano acido e iniziavano a suonare.

I Grateful Dead, come anche i Jefferson Airplane, hanno portato grande innovazione nella musica, finalizzandola all'astrazione dalla dimensione reale. Prima di allora, le feste con l'acido erano senza musica, c'erano solo luci stroboscopiche e lava lamp.

Da quel periodo sono venuti fuori tutta una serie di personaggi divenuti in seguito i capisaldi del business e dell'economia odierna. Pensiamo a Steve Jobs, ma a tanti altri che in quel periodo vivevano anche di questo tipo di emozioni. In quel contesto era possibile, oggi sarebbe un po' strano...

CONCLUSIONI

Senza 'calare' niente – non stiamo invitando nessuno a commettere azioni irresponsabili sul proprio cervello – ci ricolleghiamo alla frase: 'Il rock non eliminerà i tuoi problemi, ma ti permetterà di ballarci sopra' per ricordare che, nella monotonia dell'esistenza, dovremmo vivere la quotidianità come protagonisti di un viaggio, con divertimento. Fermiamoci e viviamo 'in rock'.

I problemi ci sono e ci saranno, spesso saranno risolvibili, spesso dovremo procrastinare per trovare delle soluzioni, ma una cosa è certa: soffermarsi su quei problemi, soffermarsi su quei fastidi, soffermarsi su quelle preoccupazioni non ci darà modo di andare avanti. E il rimuginio non è sicuramente la colonna sonora più consigliata per il proprio benessere fisico e mentale.

Il rock non eliminerà i problemi, ma con un buon rock ci si può permettere di ballarci sopra e questo consentirà di trovare nuove energie e magari anche nuove idee.

A proposito di creatività, molti gruppi di lavoro - soprattutto su progetti creativi - accompagnano i loro brainstorming con della buona musica. All'interno della road map, per lo sviluppo di un buon progetto o per la ricerca di una buona idea, si incontrano inevitabilmente mille problemi. Il rock non li farà di certo scomparire, non li nasconderà sotto il tappeto, ma magari ci farà entrare in un mood diverso che ci permetterà di trovare nuove soluzioni o un modo più divertente per risolverli, oppure ci farà sentire bendisposti nell'accettare delle sfide più grandi da superare.

Vogliamo chiudere con un monito: vivi la vita con un po' più di rock, perché ne hai una sola; vivila come un viaggio e componi la tua musica.

*La vita
è meravigliosa
se non se ne ha
paura*

Charlie Chaplin

Citiamo un personaggio che è stato, ed è tutt'oggi, icona della comunicazione senza aver mai pronunciato una parola.

Inesatto.

Sebbene il cinema muto sia stato per quasi tutta la sua carriera un punto peculiare della sua arte, a un certo punto anche lui ha fatto sentire la sua voce, dando luogo a uno dei discorsi più rappresentativi e all'avanguardia della storia del cinema.

E anche in quella inquadratura in bianco e nero nella quale, con occhio lucido, dava vita all'umana coscienza e anima alla divisa di un dittatore, alla gente in sala è arrivato molto più delle parole.

CHAPLIN

Stiamo parlando proprio di Sir Charles Spencer Chaplin, noto come Charlie Chaplin.

La commedia, la satira, la macchia. Il padre della rivolta umanistica, talora nostalgica e sentimentale, talora comica e beffarda. La nemesi della società capitalistica, l'uomo dietro – e forse dentro – la maschera di Charlot, emblema di alienazione tramite l'enfatizzazione di ogni emozione. Vincitore di due Oscar onorari, uno vinto nella sua epoca, il 1929, e uno consegnato dall'Academy nel 1972. Proprio nel momento in cui la nuova cinematografia vedeva nuova luce, una cultura artistica ha sentito doveroso ringraziare uno dei suoi padri. Attore, comico, sceneggiatore, produttore e anche compositore: molti dimenticano la vittoria per un Oscar alla migliore colonna sonora nel 1973.

La dissacrazione di quel suo baffo che strizzava l'occhio a uno dei simboli morfologici che per anni ricorderemo come la firma di un iconico volto prestato al male e a una storia nera quanto le pagine scritte dal nazismo.

La bombetta più piccola di una mezza taglia, prolungamento espressivo e spesso migrazione quasi materica di un arto giocoso e ribelle.

Il cappello scanzonato, il completo elegantemente strappato e rappezzato a manifesto di quanta nobiltà si nasconda nella miseria o di quanto miserabile sia il decoro di chi non possiede, ma ha la dignità di esistere.

Un po' clown, un po' guappo, capriccioso e sognatore, un po' distratto ma brillante nella sua personificazione di Charlot. Charlie Chaplin viaggiava in molti antri dello spettro umano per portare con sé il bello di un carattere capace di ridere alla vita, anche dinanzi alle sue feroci rappresentazioni di verità.

LEGGEREZZA

Perché se la strada sa essere rude e severa, come affrontiamo il viaggio fa la differenza; e in quel complesso che spesso è la spensieratezza che accoglie i dolori, Charlie Chaplin ha insegnato a sorridere dinanzi alla vita con coraggio e speranza. D'altronde, come appunto da lui citato, la vita è meravigliosa se non se ne ha paura. Un monito all'insostenibile leggerezza dell'essere che libera l'uomo dalla paura della paura stessa.

E voi quanta insostenibile leggerezza possedete? E quanta è la paura che non vi fa vivere questa vita meravigliosamente? Abbiamo voluto coinvolgere nel nostro podcast uno dei personaggi più iconici del nostro passato, che ha lasciato un segno importante, significativo. Pensiamo a quando nel film "il dittatore" recita il monologo finale e ogni volta è commovente, entusiasmante e riempie di voglia di fare, di cambiare il mondo.

Un personaggio dal quale trarre ispirazione.

PAURA

Si parlava di paura, vero?

La paura è uno strumento potentissimo – e ce ne siamo accorti, specialmente negli ultimi tempi – ma, senza entrare in questo dibattito troppo tormentato, parliamo della paura del proprio tempo, che è stato uno degli elementi più significativi della propaganda nazista.

L'uso dei simboli, delle bandiere, delle divise, dell'atteggiamento incuteva paura ancor prima di qualsiasi azione. È stata una delle più potenti campagne di marketing che si siano svolte nella storia.

Quali sono le conseguenze della paura per il nostro corpo e la nostra mente?

Ci fa smettere di pensare in maniera lucida e razionale. Perché, quando l'uomo deve salvarsi la pelle, quando la sua vita è minacciata da un pericolo incombente, non agisce più razionalmente, ma agisce con l'istinto di protezione e sopravvivenza.

La propaganda nazista fondava molto del suo potere su questo senso di instabilità e precarietà, oltre che sulla paura stessa ovviamente.

Tutto questo non migliora la nostra qualità di vita e, nel lungo periodo, logora nel profondo, rendendoci più aridi ma soprattutto incapaci di crescere in un ambiente empatico, del tipo: "Prima devo salvarmi la vita e poi penso agli altri".

Ridere della paura aiuta a superarla e non a sottovalutarla, spinge proprio ad andare oltre. Ce lo ha insegnato un altro personaggio, meno noto e meno importante. Si pensi a quando il professor Lupin – all'interno della saga di Harry Potter – insegna l'incantesimo RiddiKulus. L'impressione è che l'autrice, J.K. Rowling, abbia pescato a piene mani nella tradizione del cinema di Chaplin.

Ma come si combatte la paura?

SUGGERIMENTI

Non abbiamo certezze in questo senso, ma possiamo avanzare delle ipotesi o dare dei suggerimenti.

I mentori – o coloro con più esperienza di noi – ci insegnano a riconoscere le persone che cercano di incuterci timore, di soggiogarci o di imporci la loro prestanza, la loro importanza. Una 'imposizione del potere' che è stata oggetto di quella che abbiamo definito la più grande opera di marketing, ossia della propaganda nazista.

Cosa possiamo fare di fronte a questa imposizione?

Un primo suggerimento è quello di irridere, ossia immaginare il ridicolo. Pensiamo a questo: quando siamo davanti a una persona che cerca di fare il prepotente, cerca di incuterci timore, proviamo a immaginarlo in biancheria intima mentre è seduto o seduta sul gabinetto.

In quel momento capiamo che lui o lei è fatto, fatta

esattamente come noi, e come noi è semplicemente una persona. A quel punto, senza – chiaramente – esplodere in una fragorosa risata, immaginiamo la sua figura, il suo contorno, il suo perimetro, il suo peso specifico, che cominceranno a cambiare e, di conseguenza, lo/la guarderemo con occhi diversi.

Non è tutto così semplice, ovviamente.

Esistono altri piccoli Charlie Chaplin – per piccoli, che non si offenda l'interessato – che hanno fatto proprio questo pensiero. Il grande premio Oscar Roberto Benigni, si è fatto portavoce di questa filosofia proprio nel film che gli è valso l'Oscar, 'La vita è bella'.

Un film di propaganda nazista, in cui lui, davanti alla paura, insegnava al figlio a guardare gli orrori della guerra con uno spirito giocoso per alleggerire la sua sofferenza. Lui per primo prendeva tutto ciò che di brutto stava vivendo e cercava di 'attutirlo', mascherarlo e spiegarlo al figlio nel modo più 'ridicolo' possibile.

Come vedete, abbiamo parlato di un argomento delicato e ferocemente ingestibile emotivamente, come il genocidio degli ebrei, letto e interpretato da due figure comiche.

Dalla bizzarra e poetica visione di Benigni all'appunto sofisticata e romantica visione di Chaplin. Il quale l'ha trattata seriamente e con denuncia, solamente quando ha proferito parole rompendo la quarta parete nel Dittatore.

Ci ha fatto ridere dall'idea di un buffo omuncolo "hitleriano" che danza letteralmente con un globo volatile, fino a commuoverci con la verità allo specchio della nostra condizione umana.

Altro elemento importante del cinema di Chaplin è la rappresentazione dell'eroe muto che, in qualche modo, riscattava i più deboli con le sue azioni, come quando regalava un fiore o quando cercava di consolare un suo piccolo amico piangendo insieme a lui.

Un'altra arma molto forte per mostrare la via al cambiamento è uscire dallo stato di paura per mostrare la bellezza della vita. Questo rappresenta in sostanza l'insegnamento che Chaplin cercava di lasciarci.

ISPIRAZIONE

Tutti noi cerchiamo di sopravvivere al quotidiano, e anche ai nostri fantasmi, alle nostre paure, anche se spesso ne siamo sopraffatti. Per questo abbiamo continuamente bisogno di un esempio da seguire, di un'ispirazione.

Chi sono i personaggi che oggi danno l'esempio? Chi si è accorto che oggi i nostri eroi non ci mostrano più la rotta da imitare, ma piuttosto ostentano la loro furbizia verso il prossimo? Quanto sono stati abili a fare questo o quello?

Generalizzare non è sicuramente la via migliore per un cambiamento positivo, ma vi prego di smentire questa nostra affermazione, se vi viene in mente un esempio diverso, e aiutateci a rispondere ai nostri dubbi su questo argomento.

Ci piace pensare che i veri modelli da seguire siano quelli che sono partiti da una situazione di svantaggio.

POVERTÀ

Nel preparare questa puntata del podcast, abbiamo cercato di capire a quando risalisse la citazione di Chaplin e non è stata una ricerca semplice, perché non c'è realmente un riferimento storico – durante un'intervista oppure durante le riprese di un film – ma ci sono solamente alcune testimonianze dalle quali sembra che la citazione sia stata pronunciata per la prima volta all'epoca di 'Luci della città', film del 1931, o addirittura di 'Tempi moderni', film del '36 ambientato in una catena di montaggio. Quindi, ancor prima de "Il grande dittatore", di cui abbiamo parlato finora, datato 1940.

La vera paura in quei film – sia in 'Luci della città' sia in 'Tempi moderni' – non è niente che riguardi direttamente o indirettamente i processi di guerra. Quindi non è relativa al conflitto bellico o alla paura di morire o alla forza della violenza o alla paura dei bombardamenti. In realtà, si parla di povertà.

Sono film legati a un momento molto importante per l'America: il periodo successivo alla Grande Depressione, collegato alla minaccia della povertà

La vera paura era quella di non riuscire a mangiare e arrivare a domani.

La paura era di dover dare i soldi al guappo di turno del quartiere che chiedeva di restituire quattro denari per averne prestati due.

La paura di non riuscire a vendere tutte le rose per strada entro 24 ore e non riuscire a sfamare il proprio figlio. È l'impossibilità di avere i mezzi per poter soddisfare i bisogni primari.

In 'Tempi moderni', la paura è addirittura quella dell'essere omologati. Di dover rinunciare a un lavoro finalmente in ascesa, ma rischiare di perdere se stessi, la propria identità, perché quella condizione storico sociale impone una determinata omologazione.

Stiamo parlando di argomenti avanguardisti. Charlie Chaplin guardava veramente avanti cent'anni.

Ci piace pensare che gli eroi siano coloro che, hanno sovvertito lo status quo che sembrava già predisposto per loro – e inevitabile – decidendo di fare altro.

Un esempio un po' pop potrebbe essere Sylvester Stallone, un uomo che non è nato per fare l'attore, ma ci ha provato in tutti i modi. Non era sicuramente un adone: malato di rachitismo, aveva una paralisi alla parte sinistra del volto causata dall'uso scorretto del forcipe alla nascita. E poi, la mamma lo chiudeva nello sgabuzzino, il padre lo scherniva con appellativi offensivi e la situazione eco¬nomica era precaria. Era talmente al verde che dovette vendere il suo cane Birillo per 50 dollari. Lo riacquistò dopo aver venduto la sceneggiatura premio Oscar di Rocky, che scrisse su una tovaglietta di carta.

La paura reale è quella di non riuscire a realizzare i propri sogni perché si parte da un handicap, da uno svantaggio. E quindi chi insegna a combattere questa paura, alla fine insegna il coraggio; lo può fare con la risata, lo può fare con le azioni, lo può fare con la polemica, lo può fare con l'intelletto, lo può fare con il fisico, ma lo scopo è fondamentalmente provare che, con il coraggio, quell'handicap si può superare.

Questo deve farci molto riflettere.

SOLITUDINE

Pensiamo anche a un argomento molto attinente: la paura della solitudine. Se fossimo meno soli, se ci sostenessimo vicendevolmente, sarebbe tutto molto più facile.

Si è parlato di Rocky, ma abbiamo visto anche altri personaggi, altri contesti.

La religione, per esempio, in qualche modo gioca sulla paura dell'ignoto dopo la morte e cerca di suggerire un modello da seguire. Persino nel business si ha paura della 'solitudine', sono in pochi quelli che tendono a innovare la mentalità imprenditoriale. Molti cercano di seguire i guru del momento: "Se lui/lei l'ha fatto, allora posso farlo anch'io".

Ma non è un'ispirazione per superare la paura, bensì è ricerca di certezze per non fare passi falsi. La funzione del guru è proprio quella di togliere le paure e dare certezze.

La funzione del mentore – che noi preferiamo – è, invece, quella di dare coraggio e autostima alle persone, stimolandole a trovare se stesse, a superare le loro paure. Le paure ci devono essere, ma proprio per essere affrontate, altrimenti non si cresce come esseri umani.

Si è parlato di Stallone, ma non di Mandela oppure di altri. Non si vogliono fare riferimenti storici o creare effigi all'eroismo. Qui si sta parlando della vita quotidiana, delle piccole conquiste. E queste, ovviamente, sono condizionate dalle nostre paure di tutti i giorni, anche nelle cose semplici, dal business ai rapporti umani, alla nostra crescita personale, psicologica, fisica, intellettuale.

Tutto questo perché pensiamo che, partendo dai limiti, qualunque obiettivo mancato sia anche un fallimento personale. In realtà, è il 'percorso' che dovrebbe essere la vera meta; è il continuare a credere che ci si può migliorare e continuare a inseguire i propri progetti, a prescindere da quello che dicono gli altri o da quelle che sono le condizioni.

Ci vuole progettualità, ci vuole sostenibilità per qualunque cosa si voglia fare.

Bisogna cercare di avere dentro di sé il 'come', la perseveranza: qualunque cosa si voglia raggiungere, per combattere le proprie paure è necessario avere costanza.

Quello che preoccupa molto, oggi, è il fatto che i guru spesso 'giocano' con le nostre paure cercando di venderci soluzioni facili nel breve periodo. Ed è qui che sta l'inganno: ciò che bisognerebbe promuovere e trasmettere al prossimo è l'abbattimento delle paure per l'inseguimento di un sogno. Qualunque esso sia, dal diventare fumettista al voler dipingere, dal desiderare una propria ditta individuale al voler lavorare col proprio partner, dal volersi divertire lavorando al voler crescere il proprio figlio al pari degli altri, anche in condizioni di salute difficoltose.

Il dono più grande che possiamo fare al prossimo è quello di aiutarlo a creare la propria autostima in un enorme 'effetto boomerang sociale'.

Oggi la tendenza è rovesciata. Soprattutto nel marketing. Senza voler fare filosofia, politica e altro, il marketing ci dice che non siamo abbastanza bravi e ci propone la soluzione già pronta per fare questo e quello.

CONCLUSIONI

Non bisogna soltanto non avere paura della vita stessa. È necessario anche saperla prendere con più leggerezza.

Il miglior mentore è quello che insegna a ridere dei propri sbagli, a ridere di se stessi, non prendersi troppo sul serio, ma prendere con serietà quello che si fa. Che sono due cose leggermente diverse.

Questo dà la possibilità di credere di più in se stessi, nei propri mezzi e nel capire che la vita è fatta di ostacoli che, a volte, sono superabili facilmente, mentre altre bisogna prepararsi a saltare più in alto.

Nell'opera c'è sempre troppo cantato

Achille-Claude Debussy

Per la seconda volta, ci ritroviamo a prendere spunto da un musicista. Il primo, il contemporaneo Pete Townshend degli Who, in attività negli anni '60-'65, ci ha ispirato la citazione del secondo, Achille-Claude Debussy, nato alla fine del 1800 e vissuto a cavallo tra due secoli strepitosi.

Forse non è un caso che abbiamo preso in considerazione questi due autori, figli di due secoli diversi, ma di due momenti culturali parimenti incredibili.

DEBUSSY

Influenzato dalla pittura, dall'arte, dalla letteratura del tempo, Debussy viene considerato uno dei principali esponenti del cosiddetto impressionismo musicale. Una delle sue biografie ha come sottotitolo *Il pittore dei suoni*. Destinato a diventare ufficiale di Marina, per volere di suo padre, ha preso le prime lezioni di piano dalla suocera di Paul Verlaine. Debussy è stato un grande compositore e sicuramente tutti avranno sentito almeno una volta le note del suo 'Clair de Lune'.

Era un personaggio curioso, anticonformista (come si poteva esserlo in quell'epoca), si sentiva vicino ai movimenti intellettuali e poetici del periodo ed era sempre alla ricerca di sonorità originali. A Parigi, nei salotti letterari, si era avvicinato a quel clima estremamente raffinato nato dalla poesia di Baudelaire e poi di Verlaine e Mallarmé. È morto nel 1918, non per la guerra, ma per un tumore che lo affliggeva già da molti anni.

Abbiamo cercato di esplorare il significato della sua frase - "Nell'opera c'è sempre troppo cantato" - oltre alle parole.

Debussy fa vibrare il suo ascoltatore con la sua musica. Pur avendo scritto solamente quattro opere – tutte cantate – può essere considerato fondamentalmente un pianista di emozioni. L'opera, a quell'epoca, era uno strumento di comunicazione di massa, serviva a raggiungere più persone possibile, a raccontare storie, un po' come oggi fanno i social media.

Lui ha scelto un canale comunicativo diverso, raffinato, ricercato. Ha scelto di trovare uno stile, un suo percorso fatto di studio e unicità. Molto spesso anche noi, oggi, scegliamo traiettorie più battute, preferendole ad altre meno seguite. Ma questo ci porta a lasciare il segno? Ammesso che sia importante lasciare un segno...

E poi, che cosa significa lasciare il segno?

LASCIARE IL SEGNO

Noi, spesso e volentieri, prendiamo come esempio qualcuno che ha già fatto qualcosa e, piuttosto che crearci una nostra identità, farci un nostro percorso, definiamo uno standard. In realtà, vediamo in quella persona la proiezione di quello che vorremmo fare anche noi o che vorremmo diventare anche noi, perché in lui o lei vediamo qualcuno che ha lasciato il segno, qualcuno che viene 'visto'. Come se ci fosse un riflettore puntato. E anche noi vogliamo essere sotto quella luce.

Baudelaire, per esempio, è stato un poeta e scrittore tra i più famosi, un critico letterario, un critico d'arte, un giornalista... Nella sua presunzione, esigeva che gli fossero riconosciuti i suoi titoli, pretendeva di essere identificato come saggista, traduttore, critico, scrittore... Però, sicuramente non immaginava che avrebbe influenzato tanti autori – come ha fatto – sia nell'arco della sua carriera che dopo la sua morte. Lui ha dato il via a quella che è stata la corrente dei poeti maledetti, che ha visto spiccare, tra gli altri, Rambaud e Proust.

Baudelaire ha definito un modo diverso di scrivere la poesia penetrando i sentimenti e cercando di dare un nuovo senso alla poesia dell'emotività. Lui ha lasciato sicuramente il segno, come l'ha fatto Debussy.

Ci siamo soffermati su questo pensiero e abbiamo immaginato che quella di Baudelaire fosse urgenza di esprimere un'emozione interiore senza voler per forza rincorrere la fama. Il bisogno profondo che ha espresso in maniera presuntuosa è stato quello di esprimere sé stesso definendosi uno scrittore, affermandolo in maniera forte verso il mondo della letteratura e verso i lettori.

Forse è questo che ci manca: vogliamo lasciare il segno, ma non sappiamo come farlo perché ci manca un'identità. È come se avessimo smesso di ascoltare qual è il nostro tratto, qual è la penna con la quale vogliamo lasciarlo, quel segno.

Anche noi – intesi come autori di Lorem Ipsum – cerchiamo di farlo ogni giorno, nel nostro quotidiano, col nostro modo di essere, con le nostre filosofie, con l'amore per la comunicazione, per la letteratura, con il nostro modo di lavorare con i collaboratori. E anche con le riflessioni che proponiamo in queste pagine.

Lasciare il segno non è sinonimo di fama, di ricchezza economica o di successo. Bensì, deve intendersi più come il ricordo, come l'emozione che rimane dentro ogni lettore e ascoltatore proprio come un piccolo seme che germoglierà.

Debussy era una figura particolare, un artista sui generis. A fine '800, inizio '900, di compositori ce n'erano tanti e l'opera era molto richiesta. Ma lui ricercava quel suono particolare, quel dettaglio che lo avrebbe poi contraddistinto.

Era molto ispirato da Wagner – morto pochi anni prima – un'ispirazione nata ufficialmente con 'Parsifal', che ha condizionato tutta la sua produzione e la sua ricerca, anche in riferimento al brano da cui è tratta la frase che stiamo analizzando. Pensiamo anche al contesto in cui viveva, la Parigi di quegli anni, teatro dell'Esposizione Internazionale. Questi elementi ci fanno comprendere che, per Debussy, il concetto di "lasciare il segno" andava veramente oltre.

ETERNITÀ

Parlando di eroi che ci ispirano, che ci fanno andare oltre, Debussy conserva questo anticonformismo nella ricerca di qualcosa di molto personale da lasciare a chi viene dopo – che sia un figlio, una figlia, che sia un amico, chiunque – per raggiungere questa forma di 'eternità'. Una forma che percepiamo, ad esempio, quando ascoltiamo o guardiamo i video di cantanti iconici scomparsi. Pensiamo a Freddy Mercury, che ha conquistato l'eternità con la sua voce.

Anche noi, nel nostro piccolo, dovremmo mirare a lasciare in qualche modo il segno e far sì che questo passaggio sulla terra non sia vano, ma porti a qualche cambiamento. In funzione di questo, dovremmo evitare le routine quotidiane, le dinamiche che ci vincolano, che ci bloccano e non ci permettono di sognare, di volare, di suonare...

Partendo da questa idea, entriamo in un tema importante che è quello della memoria. Con licenza poetica, l'essere ricordati o lasciare il proprio segno si intende in termini di memoria. Si pensi a Joyce e, in particolare, a un passaggio del libro 'Dubliners' nel quale si parlava del significato delle lacrime e dell'acqua durante il lutto. Lui sosteneva che noi piangiamo una persona scomparsa, non soltanto per l'amore che ci trasporta, ma perché abbiamo paura di perdere tutto ciò che questa persona ci ha dato e ci ha insegnato, quindi il suo lascito a livello esperienziale, a livello emozionale, a livello fisico, i gesti, le carezze, gli abbracci.

Piangere, però, è il modo migliore per battezzare questo lutto, perché le lacrime sulla lapide non fanno altro che innaffiare la terra del sepolto, tenendone vivo il ricordo, perché l'acqua è fonte di vita. Niente di più ciclico, niente di più assurdo, niente di più simbolico: dalla morte si passa alla vita istantaneamente. Parlare della persona che non c'è più e piangerla, non sono gesti di lutto, ma gesti di vita, perché attraverso essi si continua a ricordarla, a ricordare i suoi gesti. E, nel ricordarla, lei rimane eterna.

Essere eterni significa tramandare o comunque lasciare qualcosa che, ripreso e ricordato nel tempo, – anche quando noi non ci saremo più – manifesta, autentifica e testimonia il nostro passaggio nel mondo.

In un caso eclatante come quello di Freddie Mercury, quel qualcosa è un assolo, una frase, una nota, una canzone splendida dei Queen... Nel caso di persone 'normali', come noi, potrebbe essere una lettera, uno scritto, una parola, un insegnamento, un proverbio inventato o un gesto che facevamo soventemente con qualcuno; gli insegnamenti sul lavoro, l'aver creduto in una persona e averle insegnato a essere una persona migliore o più sicura di sé, in grado di realizzare qualcosa nella vita.

CONTAMINAZIONE

Dunque l'essere eterni è questo: è vivere per manifestar¬si al prossimo (anche a quello dopo). Ognuno lo farà a proprio modo, a seconda del proprio talento e delle proprie abilità e capacità: un artista lo farà tramite l'arte, un pittore dipingendo, un musicista suonando, un poeta componendo poesia, uno scrittore scrivendo...

Stiamo parlando anche di persone che nel quotidiano cercano di aggiungere del nuovo e di dare qualcosa di più oltre se stessi, con l'intento di contaminare il prossimo. Questo è un modo per essere eterni.

Tutto questo si può denominare 'contaminazione', l'aver contaminato gli altri cercando di dar lor qualcosa, invece di tenercelo tutto per noi. La contaminazione è fondamentale. È un elemento su cui si basano molti progetti.

E la musica è sempre un filo conduttore che stimola la creatività e la crescita. Che ci fa vibrare. E abbiamo proprio tutti bisogno di vibrare. Come corde di un pianoforte.

VIBRAZIONI

'Vibrare' è un bel termine.

L'essere umano ha bisogno di vibrazioni e dovremmo mettere più musica, più vibrazioni della nostra giornata.

Noi di Lorem Ipsum, pur essendo in due città differenti, ci troviamo a volte a strimpellare qualche nota, nello specifico, con un ukulele e armonica blues.

Sarebbe bello imparare a suonare strumenti antichi come la ghironda e il dulcimer, risalenti al Medioevo. Sono due strumenti che vibrano tantissimo, che si muovono e che fanno vibrare. Almeno mezz'ora al giorno, tutti i giorni dovremmo, oltre che ascoltare la musica, anche suonarla, con un'armonica a bocca, una chitarra, una percussione. Qualsiasi cosa ci permetta di attivare il cervello.

Di più: dovremmo essere noi gli artefici della nostra musica. Tempo fa, un'insegnante di musicoterapia mostrava degli strumenti insoliti agli allievi dei suoi corsi e diceva loro: "Suonate!". "Non sappiamo suonare queste cose, come si fa?". Lei insegnava loro qualche nota e ognuno cercava di riprodurla. Alla fine della lezione nascevano concerti bellissimi di musica improvvisata. C'era una vibrazione unica tra tutti.

Questo è il senso di quello che dovremmo e potremmo raggiungere ogni giorno. Corriamo da mattina a sera dietro ai nostri debiti, fantasmi, problemi, confusioni.

Dovremmo proprio regalarcela quella mezz'ora per ritrovare l'equilibrio in noi stessi.

SPERIMENTARE

A tal proposito, si potrebbe proporre un momento ludico, quando si è in gruppo (anche di lavoro, perché no) provate a intonare un ritmo, a dare il via con una percussione sul tavolo – una matita, un pennarello – osservando la propagazione del ritmo e attendendo che qualcun altro accolga l'inizio di questo sound, di questo flow tentando di dargli seguito. Lasciate che il ritmo fluisca nella stanza e poi, a un certo punto, smettete di bacchettare sul tavolo, e lasciate che sia qualcun altro a decidere il crash, il finale.

Ovviamente, lo scopo è prendersi una pausa rigenerante di due minuti dal lavoro. Anche se, in concomitanza di questo evento, si può comunque continuare a essere attenti al computer, e alle mail che arrivano.

Ma quel sound improvvisato ha anche un altro fine: far nascere la vibrazione, la risata, i momenti che fortificano l'intesa tra i colleghi, danno un po' di allegria all'ambiente e magari portano un po' di sole anche in una giornata uggiosa, sia per argomenti che per clima.

CONCLUSIONI

Creare sonorità è una proposta in più, oltre all'ascolto di stazioni radio, del canticchiare e del fischiettare. Usare il tavolo per dare un ritmo alla giornata è di sicuro giovamento. Sarebbe utile ricordare un po' di più Tullio De Piscopo, che ti consigliamo di scoprire con una ricerca su YouTube o Spotify.

E pensare che tutto questo discorso ha preso il via ascoltando "Claire de Lune" di Debussy...

Dobbiamo cercare in ogni dove le vibrazioni che ci fanno bene. Nel tocco di un collaboratore che passa e ci dà una pacca sulla spalla dicendoci: "Bravo!". Nel sorriso di una collega che da lontano ci invita a bere un caffè. Nel buongiorno e buonasera di una persona che conosciamo solo di vista, ma la cui cordialità è una vibrazione. Nel nostro gatto che, mentre stiamo lavorando al pc, ci viene a fare le fusa (quale vibrazione più dolce!).

Da qui scaturisce un corollario: possiamo non solo cercare le vibrazioni esternamente – nella musica, nel contatto con gli altri, in ciò che ci dà belle sensazioni – ma addirittura generarle, tramite azioni positive, percussioni improvvisate, sorrisi e gesti gentili.

Che sia questo il modo giusto per contaminare gli altri? Che siano queste le vibrazioni da trasmettere? Che siano questi i segni da lasciare?

E se tutti noi fossimo sogni che qualcuno sogna, pensieri che qualcuno pensa?

Fernando Pessoa

Per Sigmund Freud un sogno era la prova che l'inconscio si traveste per celare, e nello stesso tempo sussurrarci, ciò che la nostra ragione non sa elaborare. Per Gustav Jung, invece, il sogno era un prodotto autonomo e significativo dell'attività psichica.

Ma dove si posiziona l'onirico per un poeta?

Spesso questa dimensione è essa stessa la dimora del poeta. A suggerirlo sono stati in molti. Ma a vergarlo su carta sono stati i diari di bordo di un poeta fra tutti: Fernando Pessoa.

PESSOA

Considerato uno dei maggiori poeti di lingua portoghese, paragonato da molti e comparato dai più esperti a Luìs de Camões. Il critico letterario Harold Bloom lo definì il poeta più rappresentativo del XX secolo, un epiteto che meritò prima di lui solo il grande Pablo Neruda.

Nato in Portogallo, giovinezza vissuta in Sudafrica, una vita persa con la mente tra le onde dell'oceano. Proprio quell'oceano che lo ha portato a scrivere opere immense, come ad esempio 'Ode Marittima', serie di componimenti nei quali il mare e la figura della nave fanno da guida a un viaggio tra emozioni, passato, ricordi e proiezioni di desideri mai espressi.

Madrelingua portoghese e inglese, ha imparato a pensare, sognare e, ovviamente, a scrivere in entrambe le lingue, in grado di trasportare il suo pathos dall'armonia e dalla sensualità latina, all'eleganza e alla potenza della forma anglosassone.

Figura familiare iconica di Lisbona e, nello stesso tempo, anche enigmatica. Sostenitore, fondatore e portatore sano di una vera e propria rappresentazione di eteronimia dell'autore.

ETERONIMIA

Parafrasando Antonio Tabucchi – traduttore italiano di riferimento e maggiore studioso di Pessoa – si può dire dell'autore che se fingitore vero è il poeta, quanti veri poeti in un solo Fernando Pessoa.

Se è vero che ognuno di noi dentro se stesso è una moltitudine, anche le personalità e le anime che ci popolano sono differenti e ognuna di esse ha una voce.

Nel caso di Pessoa abbiamo avuto la possibilità di leggere straordinarie opere scritte da più mani o, per meglio dire, da più anime e voci tramite le stesse dita. Àlvaro de Campos, Ricardo Reis, Alberto Caeiro, Bernardo Soares. Quattro nomi legati al grande padre Fernando Pessoa, il quale fa nascere ognuno dei suoi eteronimi donando loro una nascita e un battesimo, così come parti nuove di noi nascono e muoiono in funzione di avvenimenti precisi della nostra esistenza, tutti legati dal male di amare e dal male di vivere.

Ognuno degli eteronimi ne fa cerimonie ad affar suo, chi parlando di amore per il mare, chi per la patria, chi per la fede spirituale e chi, in ultimo, non per importanza, per una donna. Una donna che resta ferma in un altrove, che Pessoa ci racconta con così tanta grazia in una poesia della celeberrima raccolta 'Il violinista pazzo'.

Evanescente, ordinario e silenzioso, abitudinario e attore di un palcoscenico di normalità da lui stesso costruito.

Eppure, portatore di così tante anime da avere bisogno di più eteronimi per controllare tutta una poesia che per anni ha rotto il suo cuore e trasportato generazioni.

Capace di ornamentare la malinconia, perché anche il male merita luce, se non proviene esso stesso dal buio. Un modo nuovo e diverso di essere poeta, senza che il poeta pianga se stesso. Sue le parole come: "Piove oro opaco, ma non là fuori... è in me, io sono l'Ora". Versi difficili da interpretare, ma capaci di cucirsi addosso come vestiti su misura, a seconda di chi ha l'ardire di leggerli.

La smania dell'incompiuto, come "Oggi il cielo è pesante, come l'idea di non arrivare mai a un porto" ma capace di una grandezza tendente all'infinito nella definizione di un assoluto assente che cela in se stesso forse tutto il pieno che possiamo immaginare.

In quella domanda: "E se tutti noi fossimo sogni che qualcuno sogna, pensieri che qualcuno pensa?" sta a noi sentir di perderci in un gioco pirandelliano, dove svaniamo come personaggi a cui hanno tolto il diritto di esistere. Oppure scegliere e sentire di poter essere tutto e, allo stesso tempo, ispirazione per la coscienza di altri. Sta a noi essere uno, nessuno o tutti gli eteronimi che in noi si celano ogni giorno.

Su una panchina, davanti a un vecchio bar in una piazza storica di Lisbona, una statua a grandezza naturale di Pessoa resta seduta guardando un pezzo d'infinito. E forse, in quel silenzio tra la moltitudine, una risposta la sta sussurrando.

Siamo evanescenti? O siamo una moltitudine?

EVANESCENZA

Il termine 'evanescente' riporta alla mente un altro autore: Haruki Murakami, completamente diverso da Pessoa, ma che, come lui, con i suoi romanzi sa trasportarci in atmosfere oniriche; anche se, a volte, forse esagera, nello sforzo di essere sempre migliore di come è stato prima, per raggiungere lo stupore e l'astrazione.

Visto che parliamo di sognare la propria vita o di credere di starla sognando ci piacerebbe stupirvi e portarvi in un posto insolito, dentro un anime. Un accostamento davvero acrobatico!

L'anime a cui ci riferiamo è 'La malinconia di Haruhi Suzumiya'.

È la storia di Kyon, un ragazzo come tanti – il classico prototipo del modello giapponese – che ha una vita già prefissata, in qualche modo già decisa, con tutta una serie di ritmi e di banalità. Nella sua classe arriva Haruhi, una ragazza che si presenta dichiarando di essere interessata a conoscere gli Esper, alieni viaggiatori del tempo, e che si presentino, se ci sono. Quindi, evidentemente non è interessata alle banalità della vita e alle persone normali, ma solo a personaggi molto strani che possano animare la sua quotidianità.

Il ragazzo rimane perplesso di fronte a questa ragazza sopra le righe. Haruhi, in realtà, è una dea, ma non sa di esserlo, o forse lo sospetta e subordina tutto il suo mondo ai suoi stati emotivi altalenanti. Quando si annoia e si deprime – quando è malinconica, appunto – crea degli enormi mostri di energia che distruggono la città. Rischia di far grossi danni, perdendo il controllo.

Per contenere questa situazione ed evitare il peggio, un gruppo di studenti intorno a lei, senza dichiararsi, cerca di soddisfare le sue follie creative. Loro sono i viaggiatori del tempo, a sua insaputa. Kyon è lo spettatore di questa situazione assurda, quasi fosse l'unico sobrio a una festa di ubriachi. Lui ha il compito di renderla felice, è l'unico che la vede come un'amica con cui vivere avventure assurde. Tutti gli altri sono lì al fine di tamponare l'effetto irruento del suo umore, il cui minimo cambiamento è in grado di far collassare il mondo.

Un anime in cui si parla di 'digitalismo', multiverso, viaggi nel tempo e nello spazio, divinità, che, però, si fa anche una domanda: "Come faccio a sapere di non essere il sogno di qualcuno?" Per questo ci è venuto in mente il parallelismo con Pessoa.

In questo anime risalta una parola bellissima e quasi impronunciabile: 'solipsismo'. Significa, in estrema sintesi: "Se io fossi il Dio che crea tutto quanto, dovrei sapere di esserlo? O il solo fatto di non saperlo è la prova che non lo sono?". Questa è la trasposizione di solipsismo proposta nell'anime, il quale contiene al suo interno diversi significati filosofici.

È intrigante questa fusione di argomenti, questo calare la riflessione in un settore affascinante come quello degli anime giapponesi che, per antonomasia, non sono affatto una forma semplicistica di fumetto. Raccontano sempre delle storie molto particolari, vanno oltre l'eroismo fumettistico classico e raccontano forme dell'animo umano, tramite personaggi di fantasia, risultando assolutamente costruttivi e molto belli.

MOLTITUDINE

Un'altra domanda che ci viene in mente – e qui scomodiamo Marzullo! – è: sappiamo di essere un sogno? O sogniamo di essere quello che siamo?

Non crediamo di essere un sogno. Per dirla alla maniera di Pirandello, noi siamo uno, nessuno e centomila. Siamo quello che siamo, ma siamo anche quello che gli altri vivono di noi, la proiezione di quello che vorrebbero noi fossimo. Cioè, noi siamo un po' una proiezione degli altri, ma non dobbiamo cadere troppo in questo gioco, non dobbiamo diventare come fossimo la riposta alla visione che gli altri hanno di noi.

Ci dobbiamo consapevolizzare ed essere un nostro disegno, essere quello che noi vogliamo essere, anche se questo, purtroppo, è scomodo. La verità di quello che siamo, di come ci manifestiamo agli altri può non piacere.

Siamo una moltitudine. Ed essere una moltitudine può risultare difficile e scomodo. Avere tante cose dentro, tanta creatività, tanta voglia di comunicare diventa complicato perché spesso non si sa come esprimerlo.

E adesso tiriamo in ballo anche Dante Alighieri. Chi segue le nostre riflessioni e fa ragionamenti sulle nostre parole rischia di etichettare come pseudo depressione ciò che in realtà è un peccato di accidia. E l'accidia che cos'è? L'accidia è il contrario di dinamismo, è qualcosa che va contro la moltitudine. L'accidia è fiacchezza e ignavia, indolenza, inerzia, negligenza, pigrizia... ma non per carattere, non per indole. Non è svogliatezza, non è indolenza nel fare, è indolenza nell'essere.

Un fenomeno del mondo contemporaneo vede molti ragazzi giovani - che hanno talenti, parole da dire, cose da fare, sessualità da esprimere e caratteri particolari che però non sono incasellabili e non trovano dimora nel come gli altri vogliono che loro siano - peccare di accidia e chiudersi in loro stessi, smettendo di essere una moltitudine, perché hanno paura che quella moltitudine non venga accolta.

CORAGGIO

Quindi, è possibile affermare che ognuno di noi sia entrambe le cose, evanescente e moltitudine. Noi, talvolta, ci sentiamo evanescenti, ci sentiamo sogno, talaltra siamo una moltitudine scomoda, ma che merita di vedere la luce perché di spegnersi non ne ha nessuna intenzione.

Non abbiamo tirato in ballo direttamente il film Matrix, ma lo si avverte tra le righe, come pensiero, come idea. Si percepisce la sensazione di una realtà indotta, ricreata dalla società. Non abbiamo avuto bisogno di scomodare questo capolavoro del cinema, però abbiamo portato una serie di esempi molto validi e profondi – da Pessoa ad Haruhi fino ad arrivare a Dante – che ci auguriamo trovino tempo e spazio per ragionamenti ulteriori in chi ci segue. Perché questi sono argomenti interessanti.

C'è chi ha paura di sognare e teme la propria moltitudine, ma c'è anche chi, nella vita, ha compiuto scelte coraggiose. Chi si è trovato davanti a sliding doors varcando le quali poteva essere moltitudine per gli altri e sogno per sé.

C'è chi ha scelto di essere qualcosa di inarrivabile, un sogno per gli altri.

E gli altri non ci stanno, non li sanno inquadrare. Li immaginano per come vogliono che siano ma, in realtà, questi soggetti coraggiosi vivono della loro moltitudine. E qui ci siamo un po' persi nell'identità marzulliana!

Ci piacerebbe veramente che i ragazzi giovani avessero occasione di seguire le nostre riflessioni. Pessoa viveva in un momento storico nel quale si poteva permettere di essere un poeta. Oggi, un poeta è un reietto. Lo era un po' anche lui, ma oggi l'arte non concede ai poeti gli spazi che meriterebbero. Non c'è tempo per la creatività, pur se la cercano tutti. E se qualcuno la trova, deve comunque essere – come dice Galimberti – 'prestazionale'.

Viviamo in una società prestazionale: se quello che sei, quello che hai, quello che fai porta profitto, allora va bene, altrimenti non è degno di considerazione.

CONCLUSIONI

In questa sede, siamo andati controcorrente: abbiamo parlato di uomini che hanno portato contaminazione nell'anima, nella cultura, nei modi, nel pensiero.

Non c'è modo migliore della contaminazione culturale e di pensiero per far evolvere una società.

Noi, invece, stiamo vivendo in un mondo nel quale non esiste evoluzione senza profitto.

Torniamo ancora una volta su questo argomento, ma è proprio da questo che noi dovremmo proteggere i giovani.

Ci rivolgiamo agli adulti, nella speranza che i nostri ragionamenti possano essere per loro una scintilla, un'ispirazione a diventare i primi fan dei propri figli per tutti i loro talenti. Ci rivolgiamo ai giovani, per far loro capire che non sono evanescenti e che la loro moltitudine ha diritto di nascere, di essere tirata fuori, di vedere la luce.

*Dedica così
tanto tempo
al miglioramento
di te stesso
da non avere
tempo di criticare
gli altri*

Jim Rohn

ROHN

Jim Rohn, conosciuto negli anni '70 per il suo lavoro in Herbalife, creò un sistema piramidale che, ai giorni nostri, è stato trasformato in network marketing prima e affiliate marketing dopo.

Autore di diversi libri, è stato un formatore sul classico modello americano dell'uomo che scala la piramide sociale.

Del suo percorso di crescita, iniziato in fattoria – lui stesso parla della sua abilità nel mungere le mucche – Jim Rohn riporta immagini reali. Un passato, il suo, punteggiato da una serie di successi come venditore, distributore, direttore, poi formatore e addirittura mentor di Mark Hughes, il fondatore di Herbalife.

CURA DEL SÉ

Ora, concentriamoci sul senso della frase citata, che ha assunto molti significati nel tempo. Un po' come la frase tratta da 'Il Principe' di Machiavelli: "Il fine giustifica i mezzi", che è stata ripresa e riadattata (per giustificare tutte quelle attività per le quali non si ha il coraggio di ammettere la propria 'stronzaggine', n.d.r.).

In questo caso, estrapoliamo la frase dal suo concetto originale, ma ribaltandola. Quindi, con una doppia acrobazia, prendiamo le distanze dai movimenti piramidali e usiamo la citazione di Jim Rohn al contrario, per puntare il faro di questo libro sulla 'cura del sé'.

Jim è stato un grande motivatore, promotore della crescita personale e ha insegnato a molti a trovare la propria unicità. Un tema molto attuale oggi, come lo era anche negli anni '80, del resto, è quello del credere in se stessi.

Un tema che, da un lato, è stato spesso sfruttato per renderci fantastici consumatori: qualcuno si occuperà dei nostri bisogni e noi non dovremo nemmeno immaginare quali siano, perché quel qualcuno ce li avrà già preparati; e, dall'altro, ha fatto la fortuna di sedicenti guru della comunicazione che hanno saputo e sanno tutt'oggi sfruttare le insicurezze di tutte quelle persone che non hanno potuto, saputo o voluto creare un proprio IO forte, curioso, in crescita, studioso e capace di sperimentare.

Quante persone sono disposte a farci crescere e diventare più forti? 10, 30, 40? Nessuna? Forse 'nessuna' è la risposta giusta. Ognuno di noi deve trovare il tempo da dedicare alla cura di sé, della propria salute, della salute del proprio cervello e alla coltivazione delle proprie competenze.

CRESCITA

La crescita continua, personale e collettiva, è un valore importantissimo.

Praticamente tutti, in un modo o nell'altro, abbiamo bagnato il piedino in quel lago che è la crescita piramidale. Un po' perché la società ne è praticamente ormai satura e un po' perché questa è la forma rappresentativa del capitalismo, una forma 'finita' perché ha una partenza, uno sviluppo e una fine.

La piramide ha un apice. Il significato filosofico è bellissimo, è qualcosa che punta verso l'alto. E anche chi, come Jim Rohn, puntava alla crescita personale dell'individuo, in quella che era una crescita verticale, sicuramente puntava al cielo, puntava filosoficamente al divino.

Ma, in realtà, non c'è niente di più divino del massimo potenziale umano e, forse, il problema sta proprio nella forma, che va cambiata.

TAVOLA ROTONDA

Pensate alla forma rotonda, in grado di suggerire come ognuno di noi deve crescere in se stesso per aiutare la crescita degli altri. Questa dovrebbe essere la nuova forma sulla quale impostare il mondo professionale e sociale. Un esempio fra tutti, è quello della tavola rotonda, il cui scopo era quello di evitare conflitti di prestigio, poiché, non essendoci un capotavola, ogni cavaliere – re compreso – occupava un posto uguale a quello di ognuno degli altri e la sua parola valeva quanto quella degli altri. Ma è anche vero che, per entrare in quell'ordine celtico, per sedersi a quella tavola, si doveva essere assolutamente all'altezza e aver compiuto un proprio percorso personale.

Una cosa sorprendente è che le ultime evoluzioni del network piramidale, dell'affiliate marketing, prevedono l'adozione di una forma particolare: il 'toro'. Si tratta di una specie di ciambella rotonda, appunto che prende il nome di toro (non si pensi all'animale).

Ricalcando queste metodologie, ci piace la forma della tavola rotonda, ma riteniamo che ci debba essere una leadership, qualcuno che rivesta il ruolo della guida.

Quindi, una tavola rotonda dovrebbe avere una sedia un po' più alta delle altre, posizionata meglio. Ciò non toglie, ovviamente, che ci sia un percorso per arrivare a meritarlo. Proseguendo con l'esempio di Camelot, esisteva un Seggio Periglioso, cioè un seggio pericoloso, perché, pur se la parola veniva data in maniera uguale a tutti, a un certo punto, qualcuno doveva fare delle scelte. Il comandante dell'esercito, il re, dovevano prendere la decisione finale.

Il leader è colui che viene scelto dal gruppo. Non è lui che si erge a leader. Viene scelto direttamente dagli altri perché possiede delle caratteristiche tali da riconoscerlo come leader. E questa cosa avveniva anche nella tavola rotonda. È normale che la persona più preparata per quel determinato argomento, in quel determinato conflitto, venga preso a riferimento per l'atto decisionale.

Bisogna stare attenti, però, perché c'è un filo sottile tra la disorganizzazione e una morbida democrazia.

Senza entrare nella politica, il concetto è questo: ognuno di noi dovrebbe essere in grado di essere la propria piramide. Dobbiamo essere una piramide – simbolicamente – dalla base larga, forte, ben piantata per terra, ma con lo sguardo puntato al cielo.

CIRCOLARITÀ

La piramide di persone è un bel simbolo. Dobbiamo essere piramidi, ma seduti a una tavola rotonda che, vista dall'alto, è una forma non finita. Perché il cerchio è un po' come l'infinito: non ha un inizio né una fine. Continua. Ed è così che vengono le belle idee, con la circolarità.

Quello della circolarità è un bisogno sempre presente e sempre più tangibile che abbiamo dentro. Parlare di circolarità è quasi come accendere la luce in una stanza buia.

Ci troviamo in un momento in cui non siamo più in grado di farci guerra l'uno all'altro. In passato si parlava di avere partner sempre più forti e surclassare i competitor. Ma anche il termine 'competitor' sta cambiando, sta diventando più morbido. Anzi, non si fa più riferimento ai competitor, ma alla concorrenza. Parlare di 'concorrente di settore' diventa più leggero.

Oggi prendono sempre più piede termini come 'network', che enfatizzano – in ambito lavorativo – l'unione. Ossia, unirsi e andare insieme nella stessa direzione, sostenendosi l'un l'altro, anziché farsi concorrenza. Praticamente, fare business, ma senza parlare di business. Un business 'sano'.

MIGLIORARSI

Tornando all'importanza della crescita personale, a livello pedagogico, nelle scuole, piuttosto che nello sport, rimane ancora oggi un potente mezzo aggregativo, se portato avanti da allenatori sani e non ossessionati dalla vittoria.

Noi per primi dobbiamo insegnare ai ragazzi/e che non devono competere coi propri compagni, bensì devono competere innanzitutto con se stessi, per essere la migliore versione di sé e potersi sedere alla tavola rotonda della vita a dare il proprio contributo alla società.

Utopistico? Idealistico? Realistico? Qualcuno potrebbe aggiungere: umoristico?

Potrebbe non essere utopistico, bensì iperrealistico.

Oggi è un concetto davvero importante.

Quanto tempo passiamo, in realtà, a migliorarci? Ci lamentiamo continuamente di quanto sia difficile il mondo del lavoro, ci lamentiamo del nostro stipendio.

"Prendo troppo poco, dovrei fare di più".

Oppure, dopo anni di studio, ci troviamo a ricoprire mansioni svilenti o poco gratificanti.

Qual è il vero senso dello studio e della conoscenza, se non migliorare la nostra vita? Per quale motivo si studia per tanti anni? Per andare a un livello superiore. Ma se non lo raggiungiamo, dove andiamo?

In realtà, non si finisce mai di imparare. E questo dovrebbe essere uno degli insegnamenti della scuola: si deve continuare a studiare sempre, fino a quando si ha modo di leggere o di ascoltare. A novant'anni, a cent'anni, bisogna continuare a studiare, ad apprendere, a migliorare.

È il senso del percorso della vita. Non migliorare per essere in cima alla piramide, bensì migliorare per costruire una vita migliore.

Come sono queste dinamiche della nostra quotidianità? Oggi dovremmo mirare a cercare di non rincorrere i debiti, ma di utilizzare quel tempo che è prezioso, che non torna, che è un investimento proprio verso noi stessi.

FILANTROPIA

Torniamo alla frase di Jim Rohn. Con una certa dose di disappunto, rimarchiamo che oggi si tende a elevarsi mettendo in evidenza gli errori altrui per magnificare la propria 'mediocrità'. Questo è un fenomeno che ricorre spesso anche negli ambienti di lavoro.

"Il mio collega ha fatto questa cosa che non va bene!".

La concorrenza sul mercato viene intesa in modo errato. Dovrebbe essere utilizzata per valorizzarsi e svolgere il proprio lavoro sempre meglio, non per sminuire l'altro per sentirsi superiori. È questo il senso della vita.

Esiste un termine che è stato incasellato, in parte dimenticato e utilizzato sempre meno. Molti storceranno il naso, ma vorremmo contestualizzarlo.

Il termine è 'filantropia'. Tutti noi pensiamo al filantropo come a un magnate pieno di soldi, che non ha nulla da fare tutto il giorno e che investe i suoi denari – abbondantemente oltre il suo fabbisogno personale – in attività benefiche, che si trasformano in un ritorno d'immagine sociale.

Ma la vera filantropia non è questa. La vera filantropia ce l'hanno insegnata filosofi come Socrate e Aristotele, nell'agorà. Ed è quando il saggio si mette a disposizione delle nuove generazioni e investe tempo e sapere per la crescita del nuovo.

Sicuramente la filantropia richiede mezzi – c'è chi ne ha più di altri – e in una mentalità che affonda le radici nel vero socialismo – quello degli anni '50, non quello degli anni '80 – il filantropo è colui che mette a disposizione i suoi capitali per dare vita a una società migliore, per aumentare la cultura dei ragazzi, per creare nuove strutture e, quindi, per far crescere altre persone. È colui che ha generato profitti tali da poterli reinvestire nel bene primario che è il futuro dell'umanità. Questa è la vera filantropia.

La filantropia è prendere artisti dalla strada e dar loro modo di sostenersi con la propria arte. Perché l'arte sostiene la società.

Perché una società che sostiene l'arte, sostiene gli artisti, sostiene i poeti, gli scultori, gli attori è una società sana perché, come dice sempre Galimberti: "Noi non siamo quello che pensiamo, noi siamo le parole che abbiamo nella testa e pensiamo, di conseguenza, per le parole che abbiamo".

E se culturalmente questo Paese non cresce, noi non avremo mai nuovi pensieri e non otterremo una crescita personale sempre più alta.

Quindi, la vera filantropia deve partire da noi stessi. E cosa facciamo per noi? Per essere i filantropi di noi stessi? Dovremmo investire sulla nostra crescita culturale, sul nostro potenziale per poi donarlo al mondo condividendolo alla tavola rotonda, nel network, affinché possa generare nuove idee e nuovi progetti.

Investire su se stessi per poter dare agli altri e portare miglioramento alla società, in una forma di etica sociale: questo è il vero processo filantropico.

CONCLUSIONE

Pur se può apparire utopistico, è fondamentale parlare di queste cose perché, non facendolo, si rischia di avvalorare ancora di più quella che è la 'teoria dei vetri rotti'.

C'è un vetro rotto, qualcuno passa e tira una sassata, tanto il vetro era già rotto. Ma, sassata dopo sassata, ci ritroviamo in un ambiente completamente degradato. Questo ambiente è un po' il nostro cervello, la nostra società.

Facciamo una riflessione: a scuola non insegnano la cultura dell'alimentazione, ovvero quali cibi sono utili, inutili, dannosi, stagionali, come abbinarli, quanta energia forniscono, quali disturbi curano, come funziona il corpo e cosa serve per farlo stare in salute. Eppure il nostro corpo ci accompagna tutta la vita e il cibo è il nostro carburante.

La chiosa di tutto questo è che anche il cervello ha bisogno di carburante e va alimentato con tutto quello che può dare un senso alla vita ogni giorno.

*Vivete
una vita
in cui potete
riconoscervi*

Tiziano Terzani

Immaginate un bambino: ha sei anni, viso simpatico, uno sguardo dall'accenno laconico, ma permeato da una poco arginabile vividezza.

Sta giocando con dei rami in un cortile che ricorda tanto le meravigliose pinete che cingono il territorio toscano, del quale porta DNA e accento. Gioca, immagina, forse addirittura viaggia con la mente, ma il suo orecchio è sempre rivolto al possibile richiamo di un adulto che quasi sempre, con voce un po' greve, lo intima al ritorno in casa, in un luogo sicuro.

Quel bambino non è a scuola, sta aspettando.

Aspetta che una compagine di uomini in divisa lasci Firenze. Attende con ansia che quell'energia tensiva che ha caratterizzato i suoi primi ricordi di vita si allontani per dare spazio a quella che sarà l'Italia in cui cresceremo tutti, bambini e adulti, da quel momento in poi. Attende, come bramano tutti, la ritirata delle truppe naziste, che avviene proprio nel 1944.

Non torna tutto normale. E poi, cosa è 'normale'?

Lui di certo non ha un termine di paragone. A lui basta poter tornare a scuola e magari vivere con più nobiltà quella miseria dalla quale la sua famiglia – come ogni famiglia italiana – cerca di rialzarsi dal dopoguerra.

Tornerà la parola 'guerra'? Sì, così come tornerà quella vetrina di emozioni che troppo spesso è passata per i volti di chi la guerra l'ha subita, l'ha vista e ne è rimasto dilaniato nelle membra o nella mente. Quel bambino la andrà a cercare, quella vetrina, a raccontare, a testimoniare.

Se quel bambino non fosse tornato a scuola, se non

avesse potuto fare il liceo classico, noi oggi non potremmo annoverare nella storia dei giornalisti italiani quello che è stato il più grande cronista italiano degli ultimi cinquant'anni: Tiziano Terzani.

TERZANI

Un uomo che è andato oltre il suo lavoro. Un'anima che, dietro l'obiettivo e il microfono, in pantaloni lisi e sporchi di sabbia, nelle sue molteplici ore da inviato in zone di conflitto, ha sempre conservato uno sguardo più umano che cronistico. Una sorta di protezione del senso critico per raccontare la storia senza mai esserne un mero portavoce, bensì il cantastorie della coscienza per chi quelle verità non le poteva conoscere.

È stato lo storytelling prima della sua nascita, il precursore della cronaca antropologica e, insieme a Oriana Fallaci, la voce più potente e comunicativa del giornalismo libero da sensazionalismie e opinioni gridate a fini propagandistici

Non si può raccontare un uomo di questo calibro in poche parole, ma si può timidamente provare a riconoscerne i contorni, in modo tale che se ne possa percepire la sostanza e scoprirla, attraverso le sue parole.

Libri indimenticabili, reportage, video... di Tiziano Terzani abbiamo voce, immagini e soprattutto fiumi di parole a testimonianza dell'evoluzione di un'esistenza che spesso è stata travisata, ma che mai potrebbe essere messa in discussione.

Ben prima della sua morte, avvenuta nel 2004, il giornalista aveva cambiato il suo modo di fare giornalismo per uscire dalle logiche di inchiesta editoriale e aveva dato alla luce saggi di visione apocrifa della politica e della società, lasciando testi meravigliosi che raccontano esperienza e saggezza di un uomo che si è riconciliato con la sua parte umana, uscendo dalla sua figura sociale.

Nel 2010, il figlio Folco gira un film sugli ultimi anni di vita del padre, auto esiliatosi sui monti pistoiesi per affrontare in pace il suo viaggio verso la fine. 'La fine è il mio inizio', omonimo del capolavoro letterario, racconta di un uomo che si è, appunto, pacificato con il concetto di cura dello spirito e guarigione del corpo. Un uomo che ha fatto dell'esperienza il fine di una coscienza energetica. Un'anima che ha fatto il suo percorso e ci racconta la coerenza di vivere oltre le barriere – da noi stessi imposte – per arrivare al cospetto della fine con la stessa curiosità di un bambino, anche nei confronti di ciò che c'è dopo.

Perché oltre ogni fede divina, riconoscere che siamo molto più delle nostre debolezze e della nostra materialità è l'unica cosa che ci farà credere nell'eterno. Ecco perché abbiamo scelto, tra mille stupende frasi di Tiziano Terzani, proprio questa: "Vivete una vita in cui potete riconoscervi", perché di questo concetto Terzani è stato coerente portatore sano.

Non è stato un giornalista, non è stato un cronista, non è stato un semplice padre o un marito. È stato un uomo. Un uomo che credeva nell'uomo.

Sentiva di doverne raccontare la storia per testimoniare e vergare gli eventi che rendono la nostra esistenza eterna anche alla fine del nostro passaggio. E nel fare questo non ha mai chiesto scusa per ciò che era, per ciò che lo spingeva o lo animava con passione.

È vissuto ed è morto guardandosi dentro e conoscendo Tiziano oltre Terzani, invitandoci con le sue parole a non fermarci davanti a noi stessi, perché dietro e dentro di noi c'è quello che vorremmo essere. E non è mai tempo di sprecare tempo.

RIFLESSO
In quello specchio che incontrate ogni mattina, al risveglio, c'è una persona che conoscete e riconoscete, oppure...?

Alcuni di noi, in quello specchio trovano ancora degli adolescenti. E noi, che stiamo facendo il giro di boa dei 50 anni, siamo i primi a dire che per diventare uomini ci vorrà ancora molto tempo.

Questa introduzione dovrebbe farci riflettere su un paio di concetti: uno di questi è il prepararsi alla fine del viaggio, l'altro è il giornalismo diversamente insolito.

Terzani non è mai stato tra le nostre letture giovanili, sebbene in libreria venisse messo in evidenza, con la copertina frontale, affinché saltasse all'occhio, come a voler in qualche modo creare un contatto visivo e guidare le scelte dei lettori. Inconsciamente, si cercava di veicolare questo messaggero, questo portatore sano.

È un vero peccato non aver letto i suoi libri in gioventù e non aver potuto ricevere ciò che quest'uomo è riuscito a trasmettere ad altri con la propria esperienza. È un peccato, ma ci piace l'idea che in qualche maniera ci abbia, anche se indirettamente, contaminato con la sua visione.

In realtà, non è mai tardi per leggerli. Potremmo farlo anche adesso. Ma sarebbe stato utile diventare 'uomini' molto prima, invece di ritrovarsi ancora adolescenti a 50 anni. Come lo sono ancora, d'altronde, molti nostri coetanei. La nostra generazione manca di quello 'scatto', forse proprio perché sono mancate letture come queste, sono mancati gli approfondimenti, le riflessioni, le prospettive, i punti di vista che Terzani porta nei suoi libri e che hanno ispirato moltissime persone.

LA FINE DEL VIAGGIO

Quanto al concetto del prepararsi alla fine del viaggio, credo che, al giorno d'oggi, manchi questa consapevolezza. Siamo talmente presi dai nostri impegni quotidiani, dai ritmi frenetici, dagli orari da rispettare... – che ci dimentichiamo che stiamo facendo un viaggio. Stiamo percorrendo una strada, la più importante.

Prepararsi a chiudere questo ciclo è fondamentale e troppo spesso lo facciamo male. Arriviamo al capolinea pieni di acciacchi, non solo fisici, ma anche emotivi, emozionali, intellettuali. Arriviamo con scarsa autostima e poca cognizione del viaggio che abbiamo fatto.

Dovremmo sentire il bisogno di completare il percorso per diventare 'uomini' – intesi come persone compiute e piene – profondi, emotivi, accoglienti, comprensivi.

Arriviamo sempre a parlare del significato della vita e del valore che diamo a essa. Ci troviamo sempre, come in un imbuto, a convergere su questa tematica, sull'importanza di dare qualità alla vita che stiamo facendo, di dare emozione, contenuti, di lasciare qualcosa a chi viene dopo, un'eredità emotiva, emozionale. Forse stiamo andando troppo in profondità, ma è un piacevole percorso.

GIORNALISMO INSOLITO

Quanto al secondo concetto che abbiamo evidenziato, quello del giornalismo insolito – dal momento che non siamo in cerca di gloria, ma di qualità – Terzani, secondo noi, rappresenta il prototipo del giornalista umano di cui oggi si sente la mancanza.

Nel momento attuale, il giornalismo è diventato ancor più sensazionalistico, con titoloni fuorvianti, che accendono gli animi, non in maniera positiva, bensì gli uni contro gli altri. Terzani non avrebbe di certo approvato e, se scrivesse ancora oggi sui giornali, senza dubbio lo farebbe con più umanità, nonostante il contesto giornalistico e sociale gli sarebbe sicuramente stato avverso.

Sullo stesso piano mettiamo anche Oriana Fallaci, altra mente al di sopra del momento storico. Lei stessa aveva affermato, già all'epoca, di sentirsi fuori contesto. Una reietta, una penna fuori dalle righe, all'interno di un giornalismo che già lei non riconosceva più.

Crediamo nella fedeltà dell'intento di Terzani, anche in un momento come questo, perché lui è stato un esempio di coerenza, non si è mai fermato davanti a nessun limite pur di inseguire non un fine, ma un bisogno, quello che ogni mattina gli faceva dire allo specchio: "Vivi la tua vita per quello che sei e per quello che riconosci".

PROFEZIA

Richiamiamo un altro libro, forse il più conosciuto di Terzani, 'Un indovino un giorno mi disse', che racconta di una profezia fattagli a Hong Kong nel '76, da un indovino cinese che predisse la sua ipotetica morte: "Attenzione, nel 1993 non prendere voli aerei altrimenti morirai".

Per lui, che era un inviato di inchiesta, una persona che viaggiava molto, l'aereo non era un mezzo qualsiasi, era IL MEZZO. Impedirgli di volare era come togliere le gambe a un corridore. Effettivamente, nel '93 una tragedia avvenne: in Cambogia, un elicottero dell'Onu si schiantò con 23 giornalisti a bordo.

Ma Terzani non si fermò. Scelse di non prendere più nessun volo, il mezzo più facile per poter arrivare a fare il suo mestiere, che era quello di andare nei luoghi più impervi della guerra e testimoniarla con la sua penna, con la sua macchina fotografica e con i suoi video.

Continuò a fare tutto questo, cambiando soltanto il mezzo di trasporto: cominciò a viaggiare in treno e con dei mezzi 'di fortuna': jeep, autostop... in bilico tra il sicuro e non sicuro. È da lì, forse, che è venuto fuori questo libro, un'inchiesta tragicomica del viaggio di un giornalista, che ha raccontato, come mai prima, la verità degli uomini, degli incontri, delle persone, delle esperienze nelle quali si è imbattuto. Probabilmente, continuando a viaggiare comodamente in aereo e in elicottero, non avrebbe potuto raccontare le stesse cose.

Per assurdo, la profezia gli ha dato ancor di più la possibilità di vivere il mondo a sua misura – come un vestito di sartoria – esattamente nella maniera in cui lo vedeva lui, cioè un'esperienza da assaporare in tutti i suoi aromi, a volte anche agrodolci e pericolosi.

INFORMAZIONE

È interessante il fatto che lui raccontasse una storia contemporanea che, ormai da decenni, nel programma scolastico non arriviamo mai a studiare e così, uscendo dalla scuola, non capiamo tante dinamiche del mondo che ci circonda. E invece Terzani riesce a parlare di una storia molto recente, non più contemporanea, ma quasi.

Ed è davvero fondamentale riuscire a raccontare anche quello che succede dall'altra parte del mondo, sia per capire meglio quello che succede qui dove siamo noi, sia per capire che il mondo non finisce alla fine del nostro Paese, quartiere, città. Questi sono argomenti che la scuola avrebbe l'onere – e anche l'onore – di affrontare meglio. Ma anche una preparazione all'interno delle famiglie sarebbe auspicabile. Sono tematiche che ci riguardano e dovrebbero essere sempre più diffuse. Invece, purtroppo, è drasticamente preoccupante il fatto che stiamo regredendo in questo percorso.

Attualmente, c'è un'informazione individualistica. C'è un'informazione, possiamo dire, 'nazional centrica' – termine che rubiamo a Gad Lerner, battezzato quattro anni fa durante un suo intervento. In questo momento, sicuramente, la comunicazione è internazionale: con un tasto possiamo sapere cosa sta accadendo dall'altra parte del mondo (se ce lo fanno sapere, ovviamente), le informazioni sono molto più reperibili e le cosiddette distanze virtuali si sono accorciate.

È anche vero che ci vuole la curiosità per andarle a scoprire, ci vuole la voglia di approfondire, ci vuole il tempo da dedicare. La frase di Terzani che abbiamo scelto, richiama una filosofia centrata sull'esistenza umana. Però, in questa nostra riflessione ci stiamo allontanando da questo centrismo e stiamo cominciando a parlare anche di interesse nei confronti dell'altro. Possono sembrare separate e distinte, ma in realtà, tra le due cose c'è un'unione molto forte.

MISSIONE

Con l'esempio della profezia dell'incidente aereo, Terzani, ci indica il messaggio racchiuso nella citazione introduttiva: se hai dentro di te un modo di essere o una missione o una spinta in cui ti riconosci, niente ti deve fermare. Neanche la profezia – azzeccata! – di un indovino cinese. Cioè, si deve continuare, sempre e comunque, a portare avanti la propria missione; si deve continuare a costruire l'immagine che si desidera guardare allo specchio la mattina. Ci si deve impegnare a vivere la vita nella quale ci si riconosce, a prescindere da qualunque cosa ci venga detta o fatta, nulla deve diventare un pretesto per mollare.

Quanti di noi, invece, rinunciano? Quanti hanno desistito? Per accomodare i bisogni primari della vita, si sono dimenticati del bene primario per loro stessi, per la loro anima. Perché, a un certo punto, le rinunce personali sono diventate troppe e allora, hanno rinunciato al grande sogno, alla grande spinta, a quello che li rendeva felici. Questa domanda si lega alla voglia di ascoltare, di sapere, di conoscere di più dell'altro. Talvolta, ci limitiamo a informarci su cose che succedono dall'altra parte del mondo e non sappiamo nulla delle persone accanto a noi. Perché tanto non ci compete, non va a intaccare la nostra esistenza e quindi non ce ne interessiamo. Finché non ci lede direttamente, non ce ne curiamo.

Talvolta ci facciamo distrarre da un ostacolo, da un limite o dalla difficoltà a comprendere qualcosa che va oltre la nostra portata.

Quel "Vivete una vita in cui potete riconoscervi" è un concetto molto ampio. Di certo, nessuno di noi si sta riconoscendo nella vita attuale, fatta di tensioni, di paure...

CURIOSITÀ

Sta succedendo intorno a noi una cosa che non si può controllare, a meno che non si abbia una grandissima capacità e forza di volontà. C'è un ingorgo di informazioni che verte solo su una tematica, solo su un argomento. Senza un dibattito, senza un'evoluzione del pensiero. C'è un tema e solo quello. Per arrivare a incuriosirci e guardare altro, oltre a quello che ci viene sottoposto dai media, occorre fare uno sforzo o avere un interesse specifico: "Ho degli affari con il Vietnam?", "Ho dei parenti in Argentina?", "Devo fare un viaggio alle Hawaii?". In tal caso, mi interesso anche delle vicissitudini di questi paesi. Però, cade sempre tutto nella sfera del nostro interesse personale, della nostra quotidianità.

Dovremmo discernere ciò che ci viene buttato sulle spalle dall'informazione da ciò che, invece, potrebbe essere una fonte di crescita del nostro essere, della nostra vita: l'approfondimento di informazioni, di notizie, di immagini, di foto, di racconti. Perché viviamo di racconti, alla fine. Terzani lo ha compreso bene. Il suo lavoro era proprio quello raccontare una quotidianità, quello di raccontare una realtà molto diversa dalla nostra.

Occuparsi di questa ricerca, di questa crescita, di questa curiosità è lo strumento più importante per trovare se stessi, per trovare un senso a quello che facciamo. E lo è anche capire quali sono le zavorre che non ci fanno crescere, che non ci fanno bene e che vanno in qualche modo allontanate.

Oggi come oggi, invece di sprecare tempo a litigare sui social, dovremmo dedicarci a un approfondimento sulle nostre capacità, sulle nostre conoscenze. Anche in funzione di prepararsi alla fine di questo viaggio. È fondamentale iniziare man mano a rallentare, a creare un percorso di uscita da questa vita. E sarebbe bello poterlo immaginare nel migliore dei modi.

CONCLUSIONI

È poco ortodosso, ma prendiamo spunto da quest'ultima riflessione per riallacciarci a un'altra citazione.

Vivere in un contesto nel quale non riconosciamo ciò che siamo o la vita che facciamo, porta confusione, tormento, sgomento. E noi, sia nel rapporto con il prossimo che, soprattutto, in noi stessi, cerchiamo la pace e l'equilibrio.

Cosa potrebbe dissipare il caos e farci sentire più in armonia con noi stessi e con il mondo? Forse ci vuole un po' più di follia, intesa come passione nel vivere con curiosità gli altri e se stessi. Un concetto espresso chiaramente in una frase tratta dall'Elogio della follia di Erasmo da Rotterdam: "Usa quella follia che, a dispetto di ogni ostacolo reale, è voglia di vivere con pienezza e di convivere nella tolleranza, è il paradosso dell'amore, è impegno nel costruire la pace".

L'istruzione non è il riempimento di un secchio, ma l'accensione di un fuoco

William Butler Yeats

Abbiamo sempre amato questa frase e sempre odiato quella scuola che, a parer nostro, non ha più nulla a che vedere con l'istruzione.

Molte persone ancora confondono le due cose. Rischiamo di diventare impopolari con questa introduzione, ma noi nutriamo alcuni dubbi sulla scuola come istituzione e amiamo follemente quegli insegnanti, educatori, maestri e mentor che sanno mettere in atto questo principio basilare dell'insegnamento: il passaggio del testimone.

Una scuola fatta di 'piromani' dell'istruzione che accendono fuochi in giro per il mondo.

Che immagine fantastica! Ci piace questa idea.

Parliamo di un poeta irlandese che è stato per noi fonte di ispirazione: William Butler Yeats.

YEATS

La sua poesia e la sua vita sono profondamente legate al nazionalismo irlandese. Nasce a Dublino nel 1865, periodo difficilissimo per l'Irlanda.

Figlio di un intellettuale e pittore, si trasferì a Londra quando era piccolo, ma tornava spesso in patria, vivendo di riflesso queste emozioni. Dopo aver giocato un po' con l'arte, ispirato dal padre, capì che la sua strada era la letteratura – la poesia in particolare – dopo una fortissima delusione d'amore per una donna incredibile, anche lei attivista e vicina ai temi del nazionalismo.

Yeats era molto passionale e scrisse poesie per questa donna amata e mai dimenticata per vent'anni, per molto tempo dopo la fine della loro relazione.

Si interessò di teatro, politica, metafisica e, alla fine dell'Ottocento, fondò un movimento di promozione del Teatro Nazionale. Nel 1923 gli fu assegnato il Premio Nobel per la Letteratura.

Negli ultimi anni della sua vita scrisse le sue opere più importanti - come succede a molti autori - nonostante la salute cagionevole. Morì nel 1939, sette mesi prima dello scoppio della seconda guerra mondiale. Anche quello, un periodo storico davvero denso di significato ed emozioni.

Ci ha insegnato molto sulla passione per una nazione e per una donna. Due temi che a lui erano estremamente cari. Ci ha lasciato molto su cui riflettere, ma questa frase continua a ronzarci nella testa, ogni giorno, come un mantra. "L'istruzione non è il riempimento di un secchio, ma l'accensione di un fuoco".

MENTOR

Usata, abusata in ogni articolo che parla di educazione e formazione, ha saputo raccogliere – nel suo pragmatismo – un concetto vero, allora come oggi: l'importanza del ruolo del maestro, della maestra, non solo nella scuola, ma anche nella vita; un mentor, più che un professore o un insegnante.

Questa frase echeggia ogni volta che percorriamo i corridoi delle scuole, ma anche nella quotidianità. Sì, perché 'educare' non è un verbo che definisce solo il periodo della nostra giovinezza, bensì un monito continuo di crescita personale. La cultura odierna ci porta a un livello tale di emozioni che ormai la nostra vita è fatta di titoli e non di contenuti, di immagini e non di significati, di strumenti e non di profondità. Lo vediamo in molte delle nostre attività.

Perché permettiamo alle nuove generazioni – e a noi stessi – di diventare secchi da riempire e non più fuochi da accendere?

Il vero punto di partenza non deve essere necessariamente il processo all'istituzione della scuola e ai professori, bensì andrebbe fatta una riflessione più aristotelica in termini di costruzione dell'uomo, inteso anche come membro di una società.

L'ignoranza in quanto ottusità del pensiero è il grande problema sul quale dobbiamo mettere una lente di ingrandimento.

L'intolleranza in quanto ristrettezza di una visione più ampia della realtà.

L'incomprensione in quanto totem dell'ingerenza, tipica di una cultura che guarda solo a se stessa.

Questi sono tutti sintomi di una malattia ben più grave.

Quando da ragazzini guardavamo film come 'L'attimo fuggente' e ci innamoravamo del professore – magistralmente interpretato da Robin Williams – non eravamo attratti dalla visione di un amico adulto un po' ribelle, ma ci attraeva la figura del docente che non perdeva di vista la visione del fanciullo.

Il suo ruolo era quello di cavalcare l'onda dell'entusiasmo, per accendere nello studente la passione del sapere e la brama del conoscere. Un'esperienza che parte dallo studio e passa attraverso il viaggio della vita, e lui, in qualità di educatore, andava a bilanciare questi due aspetti, vita e studio.

Quel film, insieme a tanti altri simili che si sono susseguiti negli anni, sottolinea che, nell'approcciarsi alla conoscenza, il ragazzo non riconosce automaticamente l'autorità come vassallo del proprio cervello. Non stiamo parlando di una figura mitologica che sancisca se stiamo diventando o meno intelligenti, bensì parliamo di una figura che, tramite la sua capacità di coinvolgerci e la sua maestria nel farci scoprire i nostri talenti, diventi, senza titoli aggiunti, una figura autorevole. Un mentore.

PARADIGMA PRESTAZIONALE

Questo è quello che manca all'istruzione di oggi. Ci troviamo al cospetto di una scuola che da troppi anni vive sul paradigma prestazionale e si è dimenticata il suo scopo più nobile: preparare e formare delle giovani anime che devono diventare esseri pensanti nella società.

Non vogliamo parlar male della scuola, sarebbe fin troppo facile, talmente tante sono le pecche e le cose che non vanno. E poi noi la guardiamo da fuori. Magari, da dentro c'è chi la vive con estrema difficoltà e impegno.

Negli ultimi anni, abbiamo sentito molto parlare di quanto sia facile seguire il filone dei nomadi digitali e studiare qualsiasi punto del globo – un tema che ci è caro per il lavoro che facciamo – e ci accorgiamo che ci sono degli stereotipi che non tengono conto dei ragazzi, della crescita, della qualità di quello che si va a imparare.

E questo fa riflettere sulle reali capacità e funzionalità di questo sistema di istruzione, al quale demandiamo l'educazione e la crescita intellettuale dei nostri figli. Un ruolo troppo importante per riuscire a farlo con questa manleva, che spesso sfiora anche la nostra incapacità di occuparci di questo percorso.

Una cosa curiosa del nostro sistema è che la legge prevede l'obbligo di istruzione ma non quello di andare a scuola. Su questo Yeats avrebbe tanto da dire. 'Accendere dei fuochi' vuol dire proprio questo, riuscire a emozionare, a coinvolgere, a stimolare.

COMUNITÀ

L'istruzione è una responsabilità della comunità. Spesso si dice che è un problema della famiglia, della Chiesa, della scuola... sembra essere sempre un problema di qualcun altro. In realtà, noi crediamo che la responsabilità di formare il nuovo individuo, di accompagnarlo nel mondo, sia della comunità, perché è la comunità che ne riceve i frutti nel tempo.

Quindi, se seminiamo male nelle menti delle giovani promesse della nostra comunità, ci ritroveremo con dei ragazzi che non daranno un valore alla stessa, che non avranno una coscienza storica e che non sapranno qual è l'importanza dell'empatia e del mutuo aiuto.

E questo credo che sia davvero un problema molto più esteso, sul quale dobbiamo abituarci a ragionare. L'istruzione aiuta le persone a trovare soluzioni, anziché litigare sui social; l'istruzione aiuta le donne a non pensare che la violenza sia accettabile; l'istruzione ci fa capire che non dobbiamo aspettare qualcuno pronto a occuparsi dei nostri diritti o delle nostre vite.

Dobbiamo pretendere di accendere dei fuochi. Dobbiamo essere piromani della sperimentazione scientifica e culturale. Dobbiamo avere dubbi e voglia di confutare ogni teoria.

Abbiamo fatto tanta fatica per arrivare alle porte dell'era digitale, ma non abbiamo fatto nessun passo in avanti nella nostra evoluzione. Anzi, siamo rimasti alla rivoluzione industriale e lavoriamo tutto il giorno per un salario da fame.

Dovremmo avere la possibilità di creare il bello, di usare le nostre menti per elevarci come esseri umani, di aiutarci gli uni con gli altri e, invece... siamo a un punto fermo.

Sono temi a dir poco scottanti.

METAVERSO

Inevitabilmente, questa nuova era subirà a brevissimo – e per brevissimo intendiamo 10/15 anni, che possono sembrare tanti ma, nel mondo dell'innovazione, sono un batter di ciglia – una quinta rivoluzione che rischierà di portarci ancora di più a chiuderci in una scatola, in un universo denominato 'metaverso'.

Si tratta di un concetto di cui molti hanno già sentito parlare, grazie anche a 'Meta', l'impresa statunitense, che controlla i servizi di rete social Facebook e Instagram e i servizi di messaggistica istantanea.

È chiaro che qualcosa sta cambiando, sia nel modo in cui i giovani interagiscono col mondo, sia nel modo in cui il mondo arriva ai giovani. È proprio il canale che sta cambiando.

Da questo punto di vista, la responsabilità è di tutti. Oggi pare che l'istruzione venga delegata solamente alla scuola, ma non riteniamo sia così. E con questo non vogliamo fare un processo alla scuola, bensì vogliamo denunciare la mancanza di mutuo soccorso alla scuola stessa.

Noi tutti, in quanto genitori ed educatori, dobbiamo essere strumenti per l'istruzione delle nuove generazioni, nonché di noi stessi, perché 'nessuno nasce imparato'. C'è ancora tanto da fare. Ognuno di noi ha tanto da fare.

FUOCO

Ma se non manteniamo vivo il fuoco della passione, come facciamo a propagarlo? Se non manteniamo viva la curiosità, come facciamo a trasmetterla ai giovani? Se pensiamo che tutto debba passare attraverso un canale digitale e non ci siano altri mezzi per fare istruzione, come possiamo pensare di diffondere la cultura e l'intellighenzia nella prossima generazione?

Queste domande richiamano alla mente il libro 'Fahrenheit 451'. Anche lì si parla di fuoco e di passione per la cultura. Addirittura, il fuoco è ambivalente: prima distrugge, poi accende la passione dell'intelletto umano.

Allarme spoiler, per chi non ha letto il libro! Il pompiere, protagonista dell'opera, trova la salvezza gettandosi in un fiume e lasciandosi trascinare lontano dalla corrente. Parafrasando questo romanzo, in un Fahrenheit 451 al contrario, dovremmo bruciare le menti dei giovani per farli ardere della voglia di sapere e dovremmo produrre di più in termini culturali, allontanandoci dalla corrente del mezzo. Perché il mezzo non è il fine, ma solo uno dei tramiti possibili per portare conoscenza e accendere la passione.

Ci viene in mente anche 'Storia di una ladra di libri', nel quale una bambina, mossa dall'amore per la lettura, recuperava i libri dalla biblioteca della moglie del sindaco per salvarli dai roghi nazisti.

LIBRETTO DI ISTRUZIONI

Ma c'è anche un altro concetto importante. Forse la chiave di tutto. In un momento in cui regna la disuguaglianza tra gli studenti, ci dovrebbe essere una guida per questo cambiamento culturale epocale in direzione del metaverso.

Metaverso che rischia di diventare tutt'altro, come è successo a Facebook, che inizialmente era un bellissimo strumento per ritrovare i compagni di scuola o per 'rimorchiare', poi si è trasformato in un mezzo di liberalizzazione arbitraria della lamentela, dell'ego e dell'autoreferenzialità. Servirebbe un libretto di istruzioni, altrimenti si rischia un secondo effetto 'Wow, è arrivato Facebook!'.

Oggi c'è un estremo bisogno di riavvicinare le famiglie, di creare una cultura della famiglia nella comunità. È un discorso pratico, non filosofico. Il percorso scolastico, dalle elementari al liceo, dovrebbe essere condiviso e apprezzato insieme alla famiglia.

La famiglia dovrebbe divenire il vettore per parlare di

certe tematiche, per confrontarsi. E per ricordarsene: noi avremo studiato le guerre puniche almeno settanta volte nel nostro percorso scolastico, ma, nonostante questo, a oggi ancora non ce le ricordiamo. Quindi, probabilmente dovremmo ristudiarle!

Il motivo è che l'approccio mnemonico non produce un risultato durevole nel tempo, cosa che invece produrrebbe un approccio basato sul confronto, sulla crescita, sul dibattito. E questo potrebbe avvenire proprio all'interno alla famiglia, nella quale ritroviamo anche delle dinamiche di socialità.

Rafforzare la famiglia vuol dire rafforzare la comunità nel suo insieme, perché le famiglie sono tante piccole comunità.

CONCLUSIONI

Per concludere la nostra riflessione, vorremmo fare un invito molto pratico e concreto. Niente filosofia astratta, né discorsi motivazionali.

Vorremmo che ogni famiglia – madre/padre, padre/padre, madre/madre, qualsiasi forma abbia – trovasse del tempo da dedicare al confronto coi propri figli, sulle tematiche legate all'istruzione.

Sarebbe indubbiamente più proficuo affrontarle insieme, anziché abbandonare i figli a uno studio – a volte svogliato e quindi inutile – di materie potenzialmente affascinanti, come storia e geografia, banalizzate in poche righe.

Manca un approfondimento, e anche il piacere di accendere quel fuoco. Allora sì, stiamo diventando davvero dei secchi riempiti in malo modo, a causa di questo modo di apprendere, che non ci piace.

Non piace a noi cinquantenni, ma nemmeno ai ragazzi.

Il metaverso può essere una cosa interessante nella misura in cui non ci porta a dimenticare la nostra umanità, a dimenticare quanto è importante riuscire a costruire dei percorsi dentro di noi che ci preparino ad affrontare le discussioni, i dibattiti – e anche le divergenze – in maniera più umana.

Altrimenti sarà tutto un algoritmo, uno schiacciare il bottone giusto o un bannare qualcuno.

Bisogna fare un passo indietro per poter andare avanti.

Questo è un consiglio per l'onestà intellettuale collettiva, e a dirlo siamo noi, due addetti ai lavori proprio di questa quinta rivoluzione digitale.

*La pubblicità
è il rumore
di un bastone
in un secchio
dei rifiuti*

George Orwell

Londra, 1984. Una guerra atomica, scoppiata pochi anni dopo la seconda guerra mondiale, ha diviso la terra in tre potenze in lotta fra loro e governate da regimi totalitari: Oceania, Eurasia ed Estasia.

Nel superstato di Oceania, la società è controllata da un partito che basa il suo potere sui principi del Socing, un socialismo estremo il cui comandante supremo è il Grande Fratello, misterioso dittatore il cui viso compare ovunque, nei teleschermi e nei manifesti di propaganda.

Le principali città sono sorvegliate da pattuglie della Psicopolizia, una feroce organizzazione paramilitare poliziesca che ha come obiettivo, attraverso lo spionaggio, di tenere sotto controllo la vita dei cittadini, costretti a indossare delle tute azzurre, per i membri del Partito Esterno, o nere, per i membri del Partito Interno, affinché non commettano alcuna forma di psicoreato, ossia non pensino a cose scomode al regime. Le armate oceaniane, alleate con gli eserciti estasiani, sono inoltre in guerra contro gli eurasiani.

Leggendo queste parole, in molti si chiederanno di quale 1984 stiamo parlando. Perché, come tutti sanno, gli anni '80 sono stati il preludio, nonché la centralità di uno dei periodi più colorati e rosei della società.

Evoluzione, innovazione, socialità. La cultura pop ha totalmente impazzato in media ed eventi che si sono studiati sui libri di scuola per anni. In Italia, la fine degli anni vissuti nella morsa della strategia della tensione, La fine della Guerra Fredda, con la storica stretta di mano tra Reagan e Gorbaciov, che ha preceduto la caduta del muro di Berlino. E poi, ancora, Michael Jackson che lascia i Jackson Five e diventa re del pop, Madonna, l'hip pop, Sanremo, i jukebox, le cartelle Invicta, i walkman nelle orecchie, il rilancio dell'imprenditoria in Italia. E si potrebbe continuare all'infinito, sciorinando il lato più setoso di quelli che molti hanno definito i secondi anni ruggenti del capitalismo occidentale.

Ma allora, a cosa si riferivano le prime righe di questo capitolo? Erano le parole di un uomo che ha sempre guardato la società in prospettiva, attraverso una lente capace di porre rifrazione al tempo fino a prolungarne la luce in modo da vedere con laconico e triste realismo l'inevitabile epilogo.

Eric Arthur Blair, scrittore, giornalista, saggista, attivista e critico letterario britannico.

Non avete ancora capito chi sia?

Aggiungiamo che è stato uno dei primi sostenitori del socialismo utopistico, dalla visione un po' distopica.

Nemmeno la parola 'distopia' aiuta?

Conosciuto in vita come un giornalista e opinionista politico-culturale, oltre che politico, saggista e attivista politico-sociale. Un uomo nato nella miseria, in un periodo che un personaggio creato dalla penna di Baricco avrebbe denominato 'i primi fottuti anni di questo fottuto secolo'. Un uomo che ha visto nel futuro la morte, la morte della capacità relazionale, il lento appassire del libero arbitrio.

George Orwell, signori.

ORWELL

L'autore di quel '1984' che è diventato romanzo futuristico di una società soggetta alle leggi di un Grande Fratello. Agglomerato ibrido tra uomo e prodotto organizzato allo scopo di produrre e consumare. Un concetto alquanto familiare.

Ma in quel romanzo che ha fatto storia, Orwell voleva quasi metterci in guardia da noi stessi e dal nuovo Dio che abbiamo eletto all'unanimità: il capitalismo.

Non sorprende, quindi, che siano sue le parole di questa citazione: "La pubblicità è il rumore di un bastone in un secchio di rifiuti".

Questa frase colpisce in primis chi, come noi, lavora nel mondo del marketing. Ci troviamo costretti, senza troppi indugi o ingerenze, a sentirla attuale. Non solo. Ancora una volta, quasi futuristica.

Una domanda sorge spontanea. Una domanda distopica, per l'appunto, come fosse proprio George Orwell a suggerircela: "Cosa voleva intendere con quella frase? Che il mondo del consumismo ci trasforma in una società da buttar via o che, di conseguenza, i rifiuti siamo diventati noi? Chi c'è in quel secchio?".

CONSUMISMO

È irritante che, nella sua genialità, Orwell abbia saputo vedere con precisione estrema come il consumismo ci avrebbe rovinati. E, se esiste qualcosa di più irritante del pensiero di Orwell, è proprio il consumismo.

La citazione è quanto mai fastidiosamente realistica. Riporta alla memoria un vecchio brano degli Afterhours: 'Non si esce vivi dagli anni '80'. Canzone che pone un altro quesito filosofico che, al momento, lasciamo in sospeso.

Di Orwell, molto più dell'iconico '1984', ricordiamo 'La fattoria degli animali', una metafora squisitamente rispettosa dei giorni nostri e dei suoi. Con questi due grandi, enormi capolavori ha saputo e voluto dare un calcio al perbenismo e alle consuetudini, alla società nel suo insieme.

Purtroppo, ha fallito.

Ebbene sì! Ha predetto un futuro che poteva non avverarsi e che noi, invece, abbiamo permesso si avverasse. Abbiamo aperto le porte a questo futuro, quasi copia-incollandolo dal suo romanzo. E ora ci siamo dentro.

Queste due trasposizioni della nostra quotidianità vengono lette, non più come un romanzo fanta-distopico che può aiutarci a capire dove non andare, ma come un vecchio libro un po' lunatico, senza realizzare che, in realtà, stiamo vivendo quella trama da anni.

PUBBLICITÀ

Tornando alla nostra citazione, un'altra cosa seccante è la pubblicità: interrompe il film, il podcast, la musica, distrae e attrae malevolmente. La pubblicità, come è stata fatta fino a oggi, è proprio un bastone che fa rumore e non ci si può nemmeno distrarre perché attira l'attenzione utilizzando suoni fastidiosi.

Il messaggio pubblicitario non è un qualcosa al quale dobbiamo rispondere (non c'è interazione) e non ci trasmette nuove conoscenze (non ha funzione educativa), ma crea nuovi bisogni.

Il bastone gettato nel secchio di rifiuti ci richiama alla mente il suono del triangolo nel vecchio telefilm della nostra infanzia 'La casa nella prateria'. Nelle immagini edulcorate di quel mondo passato, quando occorreva richiamare l'attenzione all'ora del pranzo si suonava il triangolo metallico udibile anche a distanza. Quel suono che si propagava e raggiungeva quella parte remota del cervello che attivava l'istinto della fame, più per un riflesso condizionato che per vero appetito.

Un po' come le scimmiette che vengono ammaestrate a mangiare la nocciolina quando si accende la lampadina.

È questo è il meccanismo della pubblicità, nella quale noi interpretiamo il ruolo della scimmia che reagisce ad uno stimolo esterno senza più farsi domande.

Azione e reazione, generare un bisogno anche dove non è necessario per vendere nuovi prodotti e nuovi servizi fantastici. E se non compriamo, se non alimentiamo la 'macchina', il PIL non cresce.

PIL

Che cos'è il PIL? E perché continua a parlarci in tono 'accusatorio'? "Dobbiamo fare crescere il PIL".

Nel termine 'Prodotto Interno Lordo' c'è della cattiveria, emana un odore quasi nauseante. E poi, perché non è netto?

Non vogliamo trasformare questa nostra riflessione in una lezione di economia. Potremmo fare anche questo, ma la domanda è più che altro provocatoria.

MARKETING

Facciamo un passo indietro e analizziamo la parola che

subiamo di più. La parola è 'marketing'. Gli esperti lo definiscono come: "Il complesso delle tecniche intese a porre merci e servizi a disposizione del consumatore e dell'utente in un dato mercato nel tempo, luogo e modo più adatti ai costi più bassi per il consumatore e nello stesso tempo remunerativi per l'impresa".

Forse dobbiamo partire da questo. È da qui che ha tratto origine la visione futuristica di Orwell. A un certo punto, il marketing ha tradito se stesso, cioè, in un mondo capitalistico ormai saturo, ha fatto il 'giro di boa': non è più a disposizione del consumatore e dell'utente, ma è soltanto al servizio dell'impresa.

Il consumatore, che dovrebbe essere il beneficiario finale, diventa, invece, lo strumento, il numero sul quale riversare i risultati di mercato.

Noi diventiamo numeri. Noi diventiamo il secchio!

Quella odierna è una pubblicità che fa 'incazzare' perché si ha la netta percezione di essere spettatori immobili e passivi di contenuti attraverso i quali ci viene urlato nelle orecchie: "Compra! Compra! Compra!", e ci spinge a comprare anche per soddisfare bisogni che non abbiamo, ma che vengono creati ad hoc.

È proprio qui che il marketing ha tradito se stesso. Il capitalismo si leva la maschera proprio nel momento in cui non cerca più di soddisfare i bisogni dell'utente, ma addirittura lo manipola per imporgliene di nuovi. È questo il famoso giro di boa. Ed è qui che Orwell è stato veramente profetico.

TUTELA

Ci dobbiamo proteggere. Ma come ci si protegge da una cosa del genere? Stando ben attenti a quello che sarà il futuro. Gli studiosi di PNL, coloro che parlano di manipolazione, di attrazione, di visione e neuromarketing dell'utente – senza volerli criticare – forse non sanno cos'è il vero neuromarketing.

Al giorno d'oggi, l'etica del marketing sta prendendo il sopravvento sulla manipolazione del marketing stesso.

Quindi, stiamo per affrontare un nuovo momento storico nel quale, da un lato, noi utenti dobbiamo essere in grado di capire di più cosa ci viene propinato e, dall'altro, le aziende e il mondo del marketing si devono predisporre a un modo diverso di fare pubblicità, che adempia di più alle necessità dell'utente e non vada soltanto a creare nuovi bisogni in base alle esigenze di fatturato di un mercato in crisi.

Stiamo parlando di un qualcosa di molto realistico, che colpisce, che preoccupa e fa pensare. Ma poche persone, in effetti, notano i dettagli.

Per esempio, in un contesto di comunicazione, di marketing, di pubblicità, si fa passare la possibilità di lavorare in smart working come un valore, un plus per il lavoratore, mentre, in realtà, il vantaggio è dell'azienda che ha un risparmio sui costi e che poi, magari, si permette di ridurre gli stipendi con la scusa che non è più necessario usare l'auto per andare in ufficio.

La pubblicità di un concetto, di un'idea, di un prodotto, di un servizio diventa 'cattiva' in questo senso: potrebbe essere più chiara, trasparente.

In funzione di questo, stiamo cambiando un'ideologia e le neuroscienze e il neuromarketing non hanno lo scopo di creare profitto per le aziende, bensì lo scopo – grande ed etico – di proteggere l'utente. Pur se la soluzione è lontana.

L'incazzatura ci sta, perché noi subiamo questo marketing che puzza di rifiuto – come diceva Orwell – ormai da troppi anni. Pertanto, dobbiamo attivarci per proteggere le nuove generazioni, che sono sempre meno capaci di distinguere il prodotto dal consumatore. E non comprendono che il 'prodotto' sono proprio loro.

Durante una docenza, cercavamo di spiegare a dei ragazzi molto giovani l'importanza della qualità del servizio.

Spiegavamo che in un negozio è fondamentale dare qualità per fidelizzare il cliente e creare un legame.

Loro, candidamente, per tutta risposta ci hanno spiegato come per loro l'importante è il prezzo e non il fatto che il commerciante sia scortese e accogliente.

SCONTO

Da qui, un altro strumento al quale prestare attenzione, sul quale la pubblicità diventa assolutamente deleteria, è lo "sconto sullo sconto", il 'doppio sconto'.

E questo vale sia per un negozio sia per una proposta commerciale. In effetti, non ci si chiede mai: "Perché mi stanno facendo lo sconto? Com'è possibile che questi articoli vadano sottocosto?". A volte, l'abbassamento del prezzo è possibile per via delle dinamiche di acquisto su grandi numeri: ad acquisti corposi corrispondono sconti maggiori.

Alcune pubblicità – troppo belle per essere vere – ci mostrano un obiettivo che non ha niente a che fare con ciò che desideravamo noi. E nemmeno ce ne accorgiamo.

Il doppio sconto si applica, talvolta, anche nei contratti di lavoro, o nei contratti commerciali. Ci è capitato di sentire un cliente dire a un suo fornitore: "Se tu torni e mi sistemi questa cosa, allora io ti pago la tua fattura dell'altra volta". Ma non dovrebbe funzionare così. Il cliente dovrebbe pagare la fattura precedente e poi richiedere un nuovo servizio al fornitore, per il quale sarà emessa un'altra fattura.

Il rischio della pubblicità è quello di 'eliminare' il consumatore – che nel frattempo si è 'consumato' – e di dare valore solo all'oggetto, al servizio, e basta. Il resto non c'è più.

Sono dinamiche tutte da studiare. Ma il nostro scopo è quello di dare a chi ci segue uno spunto su cui ragionare.

EFFETTO DIDEROT

Un effetto ben noto al mondo del marketing, soprattutto del marketing tradizionale, quello che ha dato la spinta a tutto ciò che noi stiamo ancora vivendo oggi (perché, alla fine, tutto si basa sui postulati degli anni '70) è l'effetto Diderot, che prende il nome da Denis Diderot, filosofo francese del Settecento. Tutto torna sempre alla filosofia…

L'effetto Diderot è un fenomeno legato ai beni di consumo: quando acquistiamo un bene o un oggetto, appena ne entriamo in possesso, improvvisamente ci pare vecchio e superato. Questo fenomeno viene utilizzato contro di noi per portarci a comprare in modo quasi maniacale, per farci entrare in una spirale di acquisto. A questo punto, ci dovremmo fare una serie di domande: perché sentiamo il bisogno di entrare in questa spirale? Da dove arriva il bisogno di comprare in modo maniacale? O meglio, da dove arriva il bisogno di avere sempre qualcosa di nuovo, che ci porti felicità a livello endorfinico? Quale mancanza tentiamo di compensare con oggetti? Qual è il problema?

Se ci facessimo queste domande per capire qual è il vuoto esistenziale che cerchiamo di riempire con un oggetto, probabilmente non troveremo la risposta, ma sicuramente potremmo cominciare a essere meno succubi dalla sindrome di Diderot.

Siamo tutti manipolati da questa sindrome, da questo effetto del 'nuovo-vecchio', cioè, quando compriamo un oggetto proviamo eccitazione, poi lo prendiamo tra le mani, lo sentiamo nostro e improvvisamente ci risulta vecchio. E quindi bisogna ricominciare. È come una droga, come l'eroina.

Potremmo anche chiamarla sindrome di Voldemort (dalla saga di Harry Potter, la celebre produzione editoriale e cinematografica del piccolo mago che affronta le sfide della vita), che divide la propria anima in sette Horcrux.

E noi facciamo lo stesso: dividiamo la nostra esistenza in oggetti intorno a noi e gli diamo un valore. Questa è la cosa assurda. Se oggi perdessimo il cellulare, cosa cambierebbe nella nostra vita? Ne dovremmo comprare un altro, dal momento che ci serve per comunicare. Ma noi gli diamo un'importanza incredibile, come se da esso dipendesse la nostra stessa vita. Diderot aveva proprio ragione.

Il marketing, da un lato, può essere una strategia commerciale intelligente, ma la pubblicità ne è il livello più basso.

Un po' come la pornografia e l'erotismo. Con la pornografia non ci si può esimere dall'avere degli stimoli. E così la pubblicità: "Se compri quest'auto, diventerai fighissimo! Alto, biondo, ricco, potente", "Se compri questo dentifricio, i tuoi denti andranno in giro da soli! Sarà incredibile!".

Tutti questi messaggi ci portano a compensare quella insicurezza che la società stessa ha creato in noi, ingabbiati in quello schema per cui noi siamo un pezzo della catena, convinti che, se non facciamo il nostro dovere (comprando), tutto possa crollare. È un circolo vizioso, un cane che si morde la coda.

Ci viene alla mente una serie TV fantascientifica, futuristica, distopica: 'Black Mirror'.

I sopravvissuti a un sistema post-industriale si riuniscono in un villaggio e cercano di restare in vita. Ci sono droni che consegnano merci a domicilio. Si tratta soprattutto di pezzi di ricambio per le cose. Procedendo con la visione, si scopre che il sistema ha creato dei robot umanoidi per far sì che acquistino, generando così i suoi stessi consumatori. Un po' come la nostra società, nella quale è il sistema stesso che crea il soggetto che acquista quello che deve consumare. Impressionante, vero?

NUOVE GENERAZIONI

Vorremmo concludere questo ragionamento provando a dare un consiglio: cerchiamo di evitare l'effetto Diderot, cerchiamo di proteggerci da questa sindrome, cerchiamo di non essere il secchio, di non essere rifiuto.

Cominciamo a pensare che il prodotto non definisce ciò che siamo e, cosa più importante, insegniamolo ai più giovani. Perché noi adulti abbiamo ancora un pensiero critico in proposito e siamo un po' più liberi dalla pubblicità e dal contesto del consumismo.

Ma il marketing – così come il capitalismo – guarda alle nuove generazioni, che sono più malleabili e sono alla ricerca di uno status sociale, quindi si assuefanno più facilmente alla pubblicità e basano la loro soddisfazione sull'avere un prodotto o un bene o un servizio.

Dovremmo imparare a insegnare ai nostri figli o alle persone di cui siamo tutori, che ciò che si ha non definisce ciò che si è. Insegnar loro che la vita non è fatta di ciò che si possiede, ma di ciò che si pensa. Quindi abbiamo l'onere di aiutarli a pensare. Come?

Regaliamo loro libri, teatro, cultura. Magari ci fosse un marketing consumistico sulla cultura!

E poi, cerchiamo di essere consapevoli di cosa pensiamo quando acquistiamo. A meno che non ci serva effettivamente qualcosa, quando entriamo in un negozio, o peggio, quando facciamo l'acquisto online – ancora più pericoloso perché è molto veloce e a portata di un tasto – cerchiamo di domandarci perché lo stiamo facendo. Per moda? Per piacere? Perché ci va? O perché ci serve davvero?

Tentiamo di ridurre la nostra esposizione consumistica solamente a quello che ci serve. Un consiglio è – e sembra quasi un autogol, detto da noi che nel marketing ci lavoriamo – di togliere l'audio mentre passa la pubblicità in tv. Questo ci darà la possibilità di setacciare in base all'impulso visivo, e potremo attivare l'audio quando appare qualcosa che realmente ci piace e ci interessa.

La cosa assurda è che, oggi, la pubblicità ci spinge ad acquistare l'abbonamento a determinati servizi proprio per non sentire la pubblicità! Pensiamo alle varie piattaforme che conosciamo e utilizziamo. Così come la televisione e gli altri canali. È una situazione abbastanza surreale.

CONCLUSIONI

Un'ultima considerazione: bisognerebbe seguire la logica del 'prendi uno, cedi uno', cioè prendere un oggetto e liberarsi di quello vecchio, così da non riempirsi di cose inutili.

Acquistare qualcosa solo quando ne abbiamo veramente bisogno e contestualmente gettare via ciò che non ci piace più, che non usiamo più, che è stato un acquisto sbagliato. Quindi, non dobbiamo comprare il nuovo e accumulare il vecchio, ma comprare e buttare (o regalare e rivendere ciò che è ancora in buono stato).

Il concetto è quello di creare, all'interno della propria identità di consumatore, un minimo di appagamento. Capire quali sono i punti di soddisfazione e cercate di avvicinarli il più possibile. Perché, come diceva Bauman, un consumatore soddisfatto sarebbe una catastrofe per la società dei consumi, per la quale, invece, i bisogni devono essere sempre insorgenti, non devono avere mai fine, e i consumatori devono essere insaziabili, alla perenne ricerca di nuovi prodotti, avidi di nuove soddisfazioni in un mercato che sforna continuamente prodotti nuovi e inediti.

Bene, se questo è quello che vuole il marketing – e ce lo suggerisce lo stesso Bauman – noi dobbiamo cercare di fare l'opposto, cercare di attivare un processo di soddisfazione molto più veloce e più lungo nel tempo, per sfuggire al consumismo.

Il complimento più grande che mi è mai stato fatto fu quando uno mi chiese cosa ne pensassi e attese la mia risposta

Henry David Thoreau

Molte delle frasi che abbiamo proposto ci assomigliano davvero tantissimo e in esse ci riconosciamo. Forse, il lavoro che abbiamo fatto su queste citazioni è autobiografico. Inoltre, riportano quasi tutte a un periodo storico specifico, a un tempo in cui era difficile sostenere certe tesi e affermare la propria autonomia. Stiamo parlando della metà dell'Ottocento.

La citazione alla quale è intitolato questo capitolo è di Henry David Thoreau. Qualcuno forse lo conosce, altri probabilmente no.

THOREAU
Di nazionalità statunitense, è principalmente noto come scrittore autobiografico per il suo romanzo 'Walden ovvero Vita nei boschi', una riflessione sul rapporto tra l'uomo e la Natura. Molto bello e profondo, come molte delle sue opere, tra le quali ricordiamo 'Disobbedienza civile', del 1849.

Non è un libro sull'anarchia, come potrebbe sembrare dal titolo – avremmo voluto che lo fosse, però... – ma un saggio in cui lui sostiene che è ammissibile non rispettare le leggi quando esse vanno contro la coscienza e i diritti dell'uomo. Un pensiero estremamente profondo e attuale, un valore difficile da mantenere saldo nell'America di fine '800.

Nemmeno oggi è semplice essere fedeli ai propri valori. Thoreau era un filosofo, uno scrittore, un poeta in un'America che viveva un periodo veramente complicato. Ha ispirato i primi movimenti di protesta, di resistenza non violenta. Ha creato una vera e propria onda di pensiero.

Fu anche oppositore dello schiavismo, impegnandosi in prima persona ad aiutare gli schiavi a fuggire e raggiungere il Canada. Non era una 'semplice' fuga per la libertà, era una fuga per la sopravvivenza.

La cosa che ci colpisce di questi personaggi, come Thoreau, e come anche Debussy, è che sfuggono all'omologazione, alle etichette. Fu amico di alcuni pensatori del trascendentalismo americano, senza diventarne un'icona, ma venendone ispirato per creare un proprio pensiero indipendente. È questo che fanno i liberi pensatori: si ispirano ed elaborano una propria teoria e una propria visione, e diventano a loro volta icone di questo messaggio.

A questo punto, ci troviamo a un bivio. Potremmo indirizzare la nostra riflessione sul tema della disobbedienza civile oppure convogliarla su quello del rapporto con la Natura.

ASCOLTO

Sebbene desidereremmo addentrarci in entrambi questi temi, vogliamo fare una deviazione e parlare di ascolto e del tempo che dedichiamo a esso, lasciando a chi ci segue l'onere di approfondire la conoscenza di questo autore – uno dei più sottovalutati del suo periodo, perché in antitesi col sistema americano –, delle sue tematiche e dei suoi iscritti.

Quante volte ci è capitato di incontrare un conoscente per strada e chiedere: "Ciao, come va?", senza avere un reale interesse a conoscere la risposta e aspettando (e sperando) il solito: "Bene, grazie. Tutto a posto. Non c'è problema". Già, sperando che sia questa la risposta e che la persona eviti di entrare nella modalità di racconto dei suoi acciacchi e dei suoi problemi. Perché? Perché in realtà non abbiamo tempo per ascoltarla...

Quanto tempo dedichiamo all'ascolto e al comunicare?

Noi che abbiamo tratto questo libro partendo da un podcast, che lavoriamo nella creatività e che, nel tempo libero – sempre che ne avanzi – scriviamo, possiamo ritenerci dei comunicatori. Ma c'è differenza tra comunicazione e creatività. Nella comunicazione deve esserci uno scambio, si deve trasportare se stessi in un mondo di condivisione ed empatia.

Il tempo per questo scambio non è mai abbastanza, soprattutto per chi ha una vena creativa molto forte, che trova sempre nuove idee e nuovi modi per comunicare se stesso e per ascoltare come gli altri si comunicano al mondo. La cosa difficile, in un tempo così ristretto, è cogliere l'empatia tra le persone. Si può imparare a cercarla e a trovarla, ma non è sempre facile.

E poi, il concetto di 'comunicazione' non è molto chiaro: spesso sentiamo l'esigenza di 'comunicarci', di comunicare noi stessi, esigenza che diventa a volte invadente: nel poco tempo che abbiamo, tiriamo fuori il più possibile e manifestiamo noi stessi quanto più possiamo, dimenticando un po' l'ascolto dell'altro.

Forse questo deriva anche da una mal interpretazione del concetto: non si ascolta per accogliere o comprendere, ma talvolta l'ascolto diventa il mezzo con il quale si possono esplorare le persone, la loro storia, il loro sapere. E, di conseguenza, anche se stessi, perché, nel conoscere il prossimo, interpretiamo anche le nostre esperienze. Tutto questo è come se fosse una dimensione più che un'azione.

Innegabile che per entrare in questa dimensione sia necessaria dedizione. E si tratta di un'esigenza conflittuale, in un'epoca come questa, nella quale il tempo di attenzione generale è una coperta sempre più infeltrita.

Dedizione è una bellissima parola. Ma oggi abbiamo una povertà diffusa, che non riguarda i postumi della pandemia o la perdita del lavoro. Siamo poveri di quella risorsa che vale più di qualsiasi altra cosa: il tempo.

TEMPO

Il tempo è un tema ricorrente, se ne parla nei podcast, nelle trasmissioni, negli scritti. Alla fin fine, il tempo è quella cosa che fa davvero la differenza. Non abbiamo mai tempo, è sempre difficile ritagliarsene un po' da dedicare agli altri, allo studio, alla crescita personale... però ne sprechiamo tanto, magari in un altrove virtuale o rincorrendo un'ora di lavoro in più.

Così, ci avvantaggiamo col lavoro... e intanto perdiamo tempo della nostra vita. Il tempo che è la cosa che oggi vale più di qualsiasi stipendio, di qualsiasi lingotto d'oro, perché non torna. Il tempo che passa non torna più e non è possibile immaginare di dargli un vero valore.

E regalare tempo – oltre a venderlo ai clienti – è un dono grandissimo da fare al prossimo. Ma il tempo da solo non basta, è importante dare anche l'ascolto, l'empatia; non possiamo dedicarci veramente all'altro, se in quel tempo scorriamo il cellulare per leggere i post o le ultime notizie. È un ossimoro.

Potremmo essere più ricchi regalando e chiedendo tempo, perché questa è davvero la risorsa più impagabile al mondo. Il nostro tempo ha una scadenza, quando arriviamo alla fine della vita, non ne avremo più, non si rinnoverà più. Questo vale nei rapporti personali, così come nelle relazioni professionali.

Il marketing raramente ascolta, il negoziante che vende non osserva, non chiede, non ha tempo di ascoltare. Pensiamo alla storia del boscaiolo che non ha mai tempo per affilare l'ascia. Su questo filone, il titolare dell'impresa non ha tempo per parlare con il dipendente per ascoltarlo e capire meglio i suoi bisogni. Né il dipendente ha tempo di ascoltare il titolare perché deve finire di svolgere l'incarico di lavoro che proprio il titolare gli ha affidato. E nemmeno il genitore ha tempo per ascoltare il figlio.

E ora, una ghigliottina sui social! I social sono l'esempio più evidente di non ascolto. Anzi, qui i giudizi e gli insulti sono all'ordine del giorno. Pensiamo a quanto sarebbe incredibilmente produttivo se uno strumento così potente venisse usato come centro di ascolto - non solo in funzione dell'algoritmo tecnico, ma proprio umanamente - invece che come 'vomitatoio' di paure e dubbi, domande e insulti.

FUTURO

Viviamo malissimo questo aspetto della comunicazione social, perché rappresenta lo spettro di un tempo che è ormai stato sancito, definito, battezzato 'era della tecnica'. Siamo, purtroppo, ormai dentro a un'epoca che si consegna al mondo scientifico per quella che è la manipolazione della natura del tempo. Ciò significa che non siamo più in grado di vivere se non in modo prestazionale. Tramite i social, tentiamo di distogliere l'attenzione dalla realtà del presente, di immergerci in un'altra dimensione, in un altrove che ci intrattenga per non farci pensare a quello che, però, continuiamo a cercare: il futuro.

Siamo incerti, siamo insicuri. Questa è una società che assolutamente non vive la dimensione e il tempo dell'anima, quindi non vive per costruire il proprio contenuto interiore, ma ha sempre la mente proiettata – con agonia e con ansia – a un ipotetico futuro nel quale cerca soluzioni definitive per trovare il paradiso.

Siamo sempre preoccupati per ciò che potrebbe accaderci tra un mese, tra un anno, per ciò che faremo o saremo, per dove andremo... e nel frattempo ci perdiamo il presente. Un presente che diventa un potpourri di contenuti privi di senso, finalizzati unicamente a intrattenere e distogliere la mente da questa angoscia. Oppure è una continua ricerca di soluzioni facili, prive dell'ambizione di costruire qualcosa di concreto.

Chiediamo aiuto a Shakespeare per chiarire questo concetto. Shakespeare diceva che il tempo non esiste, esiste solo la dimensione dell'anima. Il passato non esiste in quanto non è più, il futuro non esiste in quanto deve ancora essere e il presente è solo un istante inesistente di separazione tra passato e futuro. Forse è un po' troppo drammatico – shakespeariano, per l'appunto – però dobbiamo convenire su un concetto: il passato non dovrebbe essere più e invece noi viviamo terribilmente nel passato, ci ancoriamo a esso, ce lo portiamo dietro.

Nella prima serie di Lorem Ipsum abbiamo parlato della parola àncora o ancòra, una sola parola che può diventare, al contempo, sinonimo di passato o di futuro.

Il futuro non esiste, in quanto deve ancora essere. Magari fossimo così bravi e così leggeri nell'anima da non preoccuparcene. Invece, siamo sempre concentrati sull'incertezza del futuro, sulla costruzione del futuro, sulla ricerca di un futuro e poi cosa facciamo? Ci perdiamo il presente.

PRESENTE

Ed è nel presente che c'è l'ascolto, che c'è il rapporto, la persona, il momento, la pausa. Noi siamo sempre dove vorremmo essere, ma non siamo mai dove dovremmo penetrare e costruire noi stessi.

Di fatto, siamo incapaci di stare nel qui e ora e di godere della quotidianità. Siamo condizionati dal nostro passato, ne siamo ancorati. Secondo Sibaldi, non siamo il risultato del nostro passato, ma siamo quello che oggi decidiamo di essere, di costruire, però poi lo proiettiamo nel futuro e rischiamo di non essere mai pienamente nel presente.

E nel non essere mai nel qui e ora, ci perdiamo chi abbiamo davanti, chi si racconta. E raccontarsi, ascoltarsi, comunicarsi – purtroppo o per fortuna – fa parte di un tempo presente. È importante raccontarsi, raccontare anche il proprio passato. Quando ci raccontiamo e ascoltiamo gli altri e le loro storie, il passato è come se lo chiudessimo, lo elaborassimo e gli dessimo un senso, trasformandolo in uno strumento per il futuro.

Ma il presente ce lo perdiamo e siamo sempre proiettati lì dove non siamo.

CONCLUSIONI

Quale potrebbe essere, quindi, la ricetta ideale? La cura che ci propongono i vari coach, i mentor, tutte queste figure professionali è di sforzarci di vivere qui e ora, perché per il nostro business è importante che siamo concentrati, perché dobbiamo essere attivi. È assurdo che un estraneo ci debba riportare a questa dimensione perché noi siamo completamente distolti, distratti e stolti.

La nostra personale soluzione è il ritorno a una mentalità greca, alla filosofia.

La filosofia, spesso e volentieri, è bistrattata, perché impone di fermarsi, farsi delle domande, ragionare. E aprire dei cassetti. Questo vuol dire fermare il tempo dell'anima. Invitiamo tutti a riaprire i libri di filosofia e cominciare a farsi domande, ad aprire ragionamenti, a discutere su concetti che siano più filosofici. È un modo per ridiscutere se stessi e la propria realtà, che costringe a pensare di più al presente e alla costruzione del proprio libero pensiero.

Un ritorno alla filosofia, al pensiero antico, potrebbe essere un modo per distoglierci da una comunicazione, da un modo di pensare, che ha tolto i punti di domanda – quantomeno per quelle che sono le massime domande sul futuro – ma ha messo soltanto punti esclamativi, offrendoci soluzioni facili e rapide.

Questa è la modalità dei mental coach, dei motivazionisti, che fanno apparire tutto sicuro e certo e propongono soluzioni che ci faranno diventare ricchi, famosi, belli.

Fermi tutti! Rimettiamo i punti di domanda, facciamo di nuovo filosofia.

Ultimamente, incontriamo specialisti che non sanno niente dell'insieme, non hanno una visione integrale della persona, dell'anima, ognuno porta il suo pezzettino. Se, da un lato, è vero che serve avere delle certezze, dall'altro è controproducente pensare di aver scoperto tutto. Farsi domande è legittimo e fondamentale. Interrogarsi su di sé, sugli altri, sul cosa e sul come, forse è la chiave di volta.

Tornando in ambito filo-greco, quanto sarebbe bello se i borghi, i comuni, i quartieri, i condomini avessero una sorta di agorà, uno spazio di confronto, uno spazio di discussione e di crescita. Facendoci delle domande da soli attiviamo, sì, il cervello, ma rischiamo di darci delle risposte parziali.

Relazionarsi con gli altri è essenziale per una crescita personale e collettiva.

Questo potrebbe essere davvero il punto d'arrivo ottimale e Thoreau ce l'ha detto nella sua citazione. Ha sottolineato l'importanza di avere un atteggiamento di comunicazione e ascolto e ci ha fatto notare quanto, in effetti, questo mancasse allora e manchi ancora oggi.

Quindi, più agorà per tutti!

E chiudiamo così, da Thoreau a Socrate, al concetto del

ritorno del so-di-non-sapere. Solo chi ammette la propria ignoranza può mettersi alla ricerca della verità.

Pertanto, solo l'ignorante è veramente filosofo.

*Vorrei che
tutti leggessero
non per diventare
letterati o poeti,
ma perché
nessuno sia
schiavo*

Gianni Rodari

Vogliamo iniziare quest'ultimo capitolo così, senza preludio o voli pindarici, semplicemente con questa fantastica frase servita come condimento di quella che è stata la linea rossa che ha unito tutte le puntate di questa serie. Anzi, di tutte le puntate del nostro amato podcast Lorem Ipsum.

Non è un caso se chiudiamo questo libro con una frase che è sia speranza che invito. Perché, se è vero che il nostro comandamento – e speriamo in cuor nostro, anche quello di chi ci legge – è 'comunicazione alle parole', allora è vero che esiste in noi una fiducia, un amore e una fedeltà nel potere che hanno le parole di renderci liberi nella massima espressione dei nostri pensieri.

E vogliamo pensare che la frase di Gianni Rodari conservi nella sua potenza proprio questo fuoco.

RODARI

Giovanni Rodari – da molti conosciuto più amichevolmente come Gianni – è stato uno scrittore, pedagogista, giornalista e poeta italiano, specializzato in letteratura per l'infanzia. Un uomo nato non per colpire, bensì per segnare con le parole – appunto – una traccia indelebile nelle menti dei più giovani o di chi ha voglia di ascoltarlo.

Un uomo del '20 – si sarebbe detto una volta – uno di quei titoli che conferisce un'eleganza del pensiero, dei modi e dell'onestà, in primis intellettuale. Qualità che spesso mancano nella contemporaneità, che ci consegna una società di adulti spesso senza principi ereditabili.

Di Rodari conserviamo il peso delle convinzioni – e ovviamente anche delle opinioni – che non si manifestano al mero scopo di enfatizzare il narcisistico bisogno di affermazione del proprio pensiero, ma che si liberano al nobile atto di plasmare menti e confondere dogmi.

O, per i più montessoriani, di ispirare pensieri laterali. E ci fermiamo proprio su questa provocazione, che richiede di 'sporcarsi' un po' con l'esigenza di una contaminazione che oggi non sappiamo più associare al potente mezzo dei libri e al gesto della lettura. Siamo tutti poeti e letterati dei nostri pensieri, ma incapaci di elaborare ragionamenti complessi perché poveri di parole giuste o adatte a segnare i perimetri del nostro esistere.

DEGRADO INTELLETTIVO

Se Rodari fosse vivo oggi, in questo nuovo mondo 'intellettuale', vedrebbe schiavi, vedrebbe padroni. E non gli piacerebbe.

Questo per noi è, invece, un inizio e anche un po' un punto di arrivo di questa serie di riflessioni. Un modo per fare il passaggio del testimone, che mette in evidenza quanto siano importanti la cultura, la lettura, la crescita intellettuale e, perché no, anche la capacità di esprimere quello che sentiamo, di riuscire a scriverlo, a trasporlo, in qualche modo.

Rodari è stato la pietra miliare per molti di noi della generazione X, ma forse non siamo riusciti a passare il testimone alle generazioni successive, che hanno brutalizzato la pratica della comunicazione e della scrittura, rendendola un mero esercizio del pollice che compone messaggi sugli smartphone, molto spesso anche con abbreviazioni lessicali, adesivi, con faccine emozionali.

Leggere e scrivere è diventato, oggi, molto più elementare di quanto non fosse un tempo. C'è un degrado intellettivo e intellettuale che sta colpendo ormai da diversi anni, forse decenni, la società intorno a noi. È un dato statistico: il calo dei lettori, il fatto che produciamo più libri di quanti ne vengano effettivamente letti, sostituiti ormai dai post di Instagram e dai video di YouTube e TikTok, che sono molto simili a una dose di zucchero, una bustina di sostanza eccitante, che fa salire l'euforia per un momento e poi passa subito.

Una 'dose' di social è più facile dell'attesa della lettura di un capitolo di un romanzo o di un racconto. Evidentemente, queste due cose, si contrappongono.

Leggere un libro è un po' come farsi una tazza di tè in foglia: l'infusione richiede tempo, si deve farlo decantare... Bisogna prendersi il tempo per far crescere questa emozione.

TEMPO

Ed ecco la nota dolente di questa riflessione: la nostra società non ha più tempo. Viviamo nell'era tecnologica, ma non abbiamo tempo. Abbiamo raggiunto livelli di progresso elevato, ma non abbiamo tempo...

Allora viene spontanea una considerazione: non sarà che la schiavitù è figlia della mancanza di tempo? E perché accettiamo di svendere il nostro tempo?

Cerchiamo di riqualificare e salvare un po' la figura

dell'essere umano, dato che nei nostri podcast, spesso e volentieri siamo stati un po' severi. In realtà, tutti siamo schiavi del tempo, perché ci è imposto dalla società odierna. Purtroppo, come si suol dire, il tempo è denaro.

Dobbiamo crescere figli, dobbiamo portare avanti attività, dobbiamo proteggere le nostre proprietà, il nostro lavoro, dobbiamo avere un tetto sulla testa, portare il cibo sulla tavola. Dobbiamo mettere al sicuro il nostro futuro incerto. E questo ci porta a quello che è l'effetto criceto sulla ruota: a un certo punto corre così veloce che non capisce di essere fermo.

Questo è il gioco del 'ruba tempo', ma è anche un alibi che ci concediamo, la scusa pronta sulla lingua: "Non ho tempo".

Quanti di noi hanno un sacco di libri iniziati e si lamentano perché non hanno la possibilità di fermarsi un attimo nemmeno e leggere un libro? E, magari, solo quando abbiamo qualche giorno di ferie ci concediamo di spegnere il cervello dalle normali attività quotidiane e ci ritroviamo a mangiare libri come fossero noccioline.

POTERE ALLE PAROLE

Leggere, fare attività culturale, fare attività intellettuale può sembrare un dispendio di energie. Invece, è esattamente l'opposto. Nell'immediato lo sembra, perché ci si deve fermare, ci si deve dedicare, spendere delle energie, spostarle e dirottarle verso un'attività che sembra inutile.

In realtà, il solo fatto di dare inizio a un'attività intellettuale, genera energia e motivazione e, a quel punto, ogni momento diventa buono per svolgerla. Sull'autobus, invece di guardare il feed di un gattino sul cellulare, si preferirà aprire il giornale. A casa, mentre si stanno lavando i piatti, si ascolterà un podcast, oppure, sul divano, si leggerà un libro anziché guardare la solita serie tv.

Abbiamo un vantaggio al giorno d'oggi: siamo, sì, una generazione senza tempo, ma abbiamo un tempo pieno di nuovi strumenti che ci possono aiutare. La tecnologia ha creato 'contenitori' facilmente fruibili, da riempire di contenuti, e non abbiamo più scuse.

Le persone che si interessano ai contenuti sentono il bisogno di accendere nel loro cervello nuove sinapsi, nuovi ragionamenti, di comunicare con le parole. E noi sappiamo che il potere delle parole è infinito e stravolgente. Una parola può cambiare un evento, una situazione, un sentimento, ma anche la nostra stessa vita, nonché i nostri pensieri, i nostri ragionamenti.

Buddha sosteneva che le parole hanno il potere di distruggere e di creare. Quando le parole sono sincere, gentili, possono addirittura cambiare il mondo. Distruggere e creare: è quello di cui abbiamo bisogno. Abbiamo bisogno di rinascere, in ogni momento.

MULTITASKING

E ad oggi, abbiamo la possibilità – mentre magari andiamo a lavorare – di metterci gli auricolari e seguire la dissertazione di un filosofo, oppure di guardare in streaming o su YouTube uno scrittore che presenta il suo libro, ascoltare gli audiolibri, i podcast con inchieste giornalistiche. Abbiamo una serie di contenuti a portata di cellulare, che ci danno la possibilità di essere multitasking.

Noi cerchiamo proprio di trasmettere questo, ossia che si può riflettere, si può filosofeggiare, si può comunicare con le parole anche all'interno del proprio tempo fatto di corse, cemento, mezzi, automobili e lavoro. Perché, nel nostro cervello, parte umanistica e parte tecnica interagiscono. E allo stesso tempo abbiamo i mezzi, abbiamo i contenitori. Adesso non abbiamo più scuse per fruire dei contenuti.

A prescindere dai video sui gattini, ovviamente!

TRASMETTERE

Facciamo una riflessione sul fatto che molti ragazzi vogliono un nuovo inizio. In questo senso, il problema della citazione su cui stiamo disquisendo sta proprio in un gap generazionale. La colpa della nostra generazione – la generazione X – è quella di non aver preso per mano le successive. Abbiamo sempre avuto un sentimento rancoroso nei loro confronti, perché noi abbiamo dovuto sudare, faticare, e vorremmo che lo facessero anche loro, quando invece potevamo rompere quella catena aiutando i nostri figli – intesi come persone venute dopo di noi – ad apprezzare di più la lettura, la filosofia, la storia.

Ma noi non li abbiamo presi per mano e questa 'eredità' è venuta a mancare.

Oggi, però, i ragazzi stanno riscoprendo certi valori. Si vedono in giro ventenni eccezionali, con un'energia, una carica, una voglia di cambiare e salvare il mondo.

E possono farlo perché loro hanno il tempo, mentre noi siamo ormai schiavi di un sistema che ci sta triturando, corriamo tutto il giorno e arriviamo a sera stanchi, senza nemmeno la forza di leggere un libro. La nostra quotidianità non ci permette di fare certi cambiamenti.

Ecco, quindi, che il binomio tempo-ragazzi diventa una formula vincente. Noi, forse, non abbiamo saputo stimolarli nel modo giusto ma sta comunque emergendo la necessità di riscoprire strumenti come i libri e la lettura. Il bisogno di leggere cose diverse, autori diversi e di non fidarsi di quello che si sta leggendo e magari cercare un altro libro proprio per confutarlo.

Facciamo un esempio: qualche anno fa, venivano pubblicati moltissimi libri di cucina, di ogni tipo, in ogni dove, in ogni 'salsa', ma molte ricette erano sbagliate o imprecise. Però non importava, le foto erano belle! Seguendo la ricetta, il piatto non riusciva, ma con un po' di esperienza e di conoscenza pregressa – mettendo un po' di questo e un po' di quello, cuocendo un po' di più o un po' di meno – si creava comunque qualcosa di buono.

Quindi, anche con un libro sbagliato è possibile mettere a frutto la propria esperienza, la propria cultura, la propria conoscenza. Vale per la cucina, vale per il marketing e la comunicazione, vale per la scienza. Bisogna farsi domande. E i libri aiutano a farsi domande e accendere riflessioni. Anche un libro sulle piante può trasmettere concetti di vita. Cose che un feed di Instagram – senza nulla togliere a Instagram – non può dare.

PODCAST

Dobbiamo, però, cercare di essere più aperti a quelli che sono i nuovi modi di comunicare dell'attuale generazione, che sono diversi da quelli delle precedenti. La carta stampata è in crisi ed è difficile vedere i ragazzi leggere. Pertanto, è necessario fare arrivare i contenuti per vie traverse – attraverso i nuovi 'contenitori', appunto – e, su questo punto, vorremmo lanciare un monito alla potenza del podcast, delle parole e della voce.

Anche i podcast sono una fonte di contenuti, di scambio e di condivisione. Come si consigliano i libri alle persone con gusti simili ai nostri, così si possono consigliare i podcast su Spotify.

Oggi c'è un nuovo modo di fare giornalismo, di fare inchieste, di fare contenuti.

Pablo Trincia ne è un esempio lampante. Grande giornalista, con Chora Media realizza dei podcast di inchiesta stupendi. Un ragazzo di 24 anni ci ha raccontato di aver ascoltato il podcast 'Il dito di Dio' di Trincia, sul disastro della Concordia, e di aver compreso un fatto di cronaca che dieci anni prima era troppo piccolo per capire. Dopo il podcast, ha acquistato un libro sull'argomento, nonostante non fosse sicuramente facile per lui, abituato unicamente alle letture didattiche. Ma l'importante è che, alla fine, sia arrivato al libro partendo dal podcast.

Allora ci rivolgiamo a chi è più in alto di noi: filosofi, psicologi, professionisti di ogni genere, non demordete! Continuate a fare podcast e a divulgare contenuti!

Sosteniamo che l'amore per il teatro possa essere diffuso anche tramite YouTube, che gli attori e i doppiatori – coloro che usano bene la voce – possano diventare podcaster, magari raccontando storie. Il successo in ascesa degli audiolibri ne è un esempio.

Le nuove generazioni sono più propense a contenuti di facile fruizione, perché i loro tempi di attenzione sono più brevi. Pertanto, dovremmo aiutarli ad arrivare al libro in altro modo. E se non arrivano al libro, dar loro comunque un modo per accedere a quelle parole. Tramite i video, tramite i podcast o gli audiolibri... Ci sono mille sistemi e mille idee su come applicarli.

Siamo ancora agli inizi.

Noi stessi che scriviamo abbiamo in cantiere progetti per tornare a sceneggiati radio, fra le altre cose. Oppure, abbiamo già prodotto e pubblicato una prima serie di recensioni su libri noir. Questo sarebbe senz'altro un invito alla divulgazione della letteratura, soprattutto per le nuove generazioni. Senza fossilizzarsi sulla 'carta'. Noi della generazione X siamo cresciuti con i libri cartacei, ma abbiamo il compito di trovare il mezzo giusto attraverso il quale le nuove generazioni possano arrivare alle parole.

LEGGERE

Come recita la citazione di Rodari, lo scopo è arrivare a far sì che tutti leggano, non per diventare letterati o poeti, ma perché nessuno sia schiavo. L'importante è far sì che le parole arrivino alle menti e le stimolino all'attività intellettuale: qualcuno potrebbe scrivere una poesia o un racconto, qualcun altro sviluppare un nuovo pensiero laterale o avvicinarsi alla filosofia, altri ancora aprire un'agorà di discussione. Affinché non si sia più schiavi dell'assenza di parole.

Immaginiamo di fare una micro operazione di marketing finalizzata a far vedere quanto è figo leggere e far vedere che si ha un libro in metropolitana. Un ragazzo che ha un libro in mano, in mezzo a tutti gli altri che hanno il cellulare, si nota di più. Un signore, una signora che entrano in una caffetteria con un libro sono molto più interessanti. A qualsiasi età, un libro rende 'fighi', affascinanti, interessanti, enigmatici...

Per dirla nel linguaggio stretto del marketing, un libro è quell'accessorio del personal branding che ha il potere di distinguerci.

Noi consigliamo di leggere libri strani. Per esempio, 'Uccideresti l'uomo grasso? Il dilemma etico del male minore' di David Edmonds. Oppure 'Rumore' del premio Nobel per l'economia Daniel Kahneman.

Andare in giro con questi libri sottobraccio, significa venire classificati di default come persone curiose, particolari. Pensiamo di presentarci a un colloquio e di appoggiare uno di questi libri sul tavolo: l'interlocutore ci guarderà con occhi diversi, non più solo come uno dei tanti candidati che ha portato il curriculum.

CONCLUSIONI

Leggere, fare i podcast e ascoltarli sono attività che mettono in moto il cervello, che generano interazioni, che attraggono. Sì, tiriamo in ballo anche la legge dell'attrazione: svolgendo queste attività, si attraggono persone vicine a noi e al nostro modo di essere.

Trasmettiamo questi insegnamenti alle nuove generazioni, incoraggiamoli a leggere, ad ascoltare podcast, a interessarsi ai contenuti di valore.

Solo così, per loro tramite, avremo modo di preservare il futuro e renderlo migliore.

BIOGRAFIA
Ferdinando Dagostino

FERDINANDO DAGOSTINO, Web Manager SEO, Consulente e AI Neuromarketing Expert, è nato il 29 giugno 1979 a Milano, dove vive e lavora.
Dopo gli studi tecnici decide di indirizzare il proprio percorso verso specializzazioni più creative. Negli anni consegue master in Grafica Pubblicitaria - Web Designer - Web SEO e dopo gli anni di studi in Neruromarketing diviene Ambassador AINEM (Associazione Italiana Neuromarketing).
La passione per la scrittura inizia in età giovanile con quella che inizialmente è una propensione verso la poesia. Dopo anni di parole nei cassetti o nei diari personali, decide di cominciare a partecipare ad alcuni concorsi di poesia e scrittura.
Nel 2006 vince il primo premio con la composizione *"L'uomo del faro"* al concorso organizzato del sito nazionale *Scrivi.com*. Successivamente menzionato sulla rivista indipendente *Il foglio dei poeti*, decide di partecipare alla pubblicazione online del circolo *Il gabbiano* con il brano *"Polvere"*. Nel 2010 è secondo classificato al concorso di poesia *"Poesie e Parole"*, con il componimento poetico *"Semplicemente"*.
Nel frattempo, arriva l'incontro con la Scuola di Scrittura del noto scrittore e poeta Roberto Agostini. Con il circolo parte-

cipa alla pubblicazione di due antologie insieme ad altri autori: nel 2012 nella raccolta *Più di quattordici mani* e nel 2015 all'interno della raccolta *Ghirlande di Natale*. Nel 2014, sempre grazie ad una iniziativa culturale, il suo breve racconto *"Veramente Magia"* viene selezionato insieme ad altri componimenti da *Sagome e Teatro* per una rappresentazione narrativa scelta e svolta da prestigiosi attori del panorama italiano.

Nel 2015 produce e pubblica su Amazon due racconti (*Filastrocca del bandito* e la riedizione di *Lividi*) in collaborazione con l'amico e disegnatore Simone Pasini.

Nel 2019 pubblica il racconto sperimentale *"Natale on the Rocks"* che trova risposta di critica nella relativa produzione in un progetto podcast a puntate disponibile su Spotify.

Nel 2022 scrive, produce e incide una serie di recensioni a puntate su Spotify dal nome *Parole di China*.

Attualmente ha in lavorazione due pubblicazioni; *Materica* e *The Adjustment*. Quest'ultimo è stato scelto dalla Compagna Teatrale *"Bluff Act"* di Napoli, per la scrittura e rappresentazione di una sceneggiatura teatrale nel 2025.

Nella vita, Ferdinando Dagostino è fondatore e Web Manager SEO di un hub digitale chiamato SaidiSEO con sede a Milano e AI Neuroexpert Expert presso l'agenzia partner SDWWG Farm.

BIOGRAFIA
Cristian Tava

Nato nella cosiddetta "bassa" tra Milano e Lodi nel 1972.
Diplomato in ragioneria nel 1992 un anno dopo essere scappato di casa per inseguire un sogno in stile "due cuori e una capanna" con colei che ad oggi è ancora sua moglie.
Da quel momento comprende che il nord della sua bussola avrebbe sempre puntato alla curiosità e da quell'istante inizia un viaggio tuttora in cammino.
Da ragioniere ad artigiano il passo è breve ed in 10 anni sperimenta tecniche, materiali e forme. Dopo aver battuto il ferro, plasmato l'argilla, inciso la pietra, modellato il vetro nelle terre di Raffaello, dei Malatesta fino alle terre dei Piceni, arriva il trasferimento nelle Marche.
Scopre la passione per l'epoca medievale durante le molte rievocazioni nei borghi della regione "al plurale", ricostruendo le botteghe insieme ad un gruppo di sperimentatori.
Mentre si avvicina la fine del secolo, capisce che è il momento di dare una svolta e tornare sotto la madonnina per un cambio di vita.
La GDO sembrava nel 1999 la nuova frontiera e l'arrivo di internet segnava oramai l'inizio della nuova epoca del digitale.
Dopo aver creato un progetto Centri Assistenza Informatica

Etica nel 2007 e una società di consulenza informatica per uffici e PMI nel 2005 sull'asse Lombardia-Marche, entra nel primo negozio Apple nel finire del 2007.

Il richiamo delle Marche è forte e l'esperienza biennale in un Borgo Solidale conferma la propensione ai temi sociali. Nel 2014 gestisce una libreria nel centro di Fano.

Sentendo la necessità di una comunicazione efficace, inizia a studiare e insegnare strategie di Marketing e conseguente perfezionamento nell'uso del linguaggio e delle parole.

Sviluppa diversi progetti legati alla formazione e alla comunicazione come ADV-T e poi in2parole, ambiziosa visione alla realizzazione per un progetto di WebTV tra il 2007 e il 2014.

Nel frattempo, consolida il suo lavoro di docente con realtà del mondo della formazione marketing e giornalistica a Milano fino al 2021. Lavoro che apre la possibilità di approdare al mondo dei coworking, in veste di cowomanager fino all'arrivo della pandemia e quindi al 2020/21.

Dal 2021 torna nelle Marche, luogo dove vive attualmente, in un borgo Medievale e Digitale.

Ad Offagna sviluppa il progetto di podcast, fondando la scuola di podcast e di public speaking con relativi spazi di dedicati.

In questo piccolo borgo ha capito l'importanza delle parole, dei libri, del pensiero analitico, dell'uso delle parole in primis per una crescita personale e poi anche come cambio di paradigma.

Nelle proprie esperienze ha sempre ascoltato e raccontato storie, anche quando era un artigiano, ed ha sempre trovato in Calvino con il suo Marcovaldo una fonte di ispirazione.

Scrittore, produttore, editor e regista del Podcast Club The Monkey, fondato insieme a Ferdinando Dagostino, come spin-off di agenzia comunicativa di SaidiSEO.

Esperto di Public Speaking, spinge ogni giorno la voglia di imparare narrare storie usando la voce.

BIOGRAFIA
Valerio Dieni

Consulente di linguistica cognitiva per aziende, professionisti e organizzazioni. Digital marketing expert per Xonex, ambasciatore e docente di AINEM - Associazione Italiana Neuromarketing. Studioso di psicologia cognitiva ed economia comportamentale.

IL MANIFESTO

L'uomo comunica per istinto,
per una esigenza primordiale e primaria
che non può essere controllata.

Comunichiamo per esprimere gioia, disappunto,
entusiasmo, nervosismo; c'è chi è un tornado di parole,
chi parla a ruota, ma anche chi parla a vanvera.
E quando non sappiamo che parole usare,
comunichiamo con gli occhi e con le azioni.

Poi ci sono quelli che tutto questo ingombrante
bagaglio di parole non riescono a pronunciarlo,
ma il modo migliore che conoscono per esprimerlo
è la **scrittura**.

Allora la penna scorre veloce sul foglio,
per dichiarare idee ed emozioni,
i tasti battono incessantemente anche di notte,
perché il bisogno di fermare una visione
non può essere contrastato.

Il **mondo degli scrittori** non è fatto
solo di copertine mainstream,
c'è chi in questo mondo non si riconosce
perché scrivere è un atto personale,
non necessariamente per fare audience.

Agli scrittori piacerebbe che il **proprio libro**
venisse letto da più persone possibili?

Certamente, ma forse c'è anche chi
tra questi scrittori vorrebbe che il proprio lavoro
arrivasse alle persone giuste.
PER QUESTO È NATA READING ALL

Per chi ama **scrivere** in modo **moderno**.
Per chi crede nella divulgazione dei testi
tramite metodi alternativi.
Per chi non vuole sottostare
alle **regole** dell'**editoria** tradizionale.
Per chi vuole **sostenere** la purezza dell'esprimersi
attraverso la **carta stampata**.

Per dare supporto a chi ama **la lettura e la scrittura**.
Per offrire prodotti di nicchia nei quali riconoscersi.

Una alternativa all'editoria tradizionale, una strada valida
per dare spazio a **talenti** inespressi,
per sostenere i sogni **letterari**.

**PERCHÉ VINCE CIÒ CHE VIENE LETTO,
NON CIÒ CHE VENDE.**

LE COLLANE

 **NARRATIVA**
EMOZIONI

*Storie di esistenze e di relazioni,
storie di persone e di sentimenti,
per vivere altre vite.*

 **RACCONTI**
SUGGESTIONI

*Piccoli tesori per parlare
al cuore e alla mente,
in poche pagine ricche di significato.*

 POESIA
CONFESSIONI

*I segreti più nascosti,
gli amori non detti,
le paure profonde.*

 **FUMETTI**
VISIONI

*Viaggi nei colori e nelle forme
di mondi inesplorati
in compagnia di personaggi unici.*

 **BUSINESS**
INTUIZIONI

*Idee innovative
di persone intraprendenti
e visionarie.*

CONTATTI

Reading All rappresenta un concept brand ideato da
SaidiSEO

Sede Legale e Amministrativa via Cenisio,45 - 20154 Milano

carolina.cavedagna@readingall-saidiseo.com

readingall-saidiseo.com

Made in the USA
Columbia, SC
24 June 2024